TEATRO GREGO
OS GRANDES CLÁSSICOS

PROMETEU ACORRENTADO

❖ ❖ ❖

A TRILOGIA DE ORESTES

❖ ❖ ❖

ÉSQUILO

PROMETEU ACORRENTADO
PREFÁCIO, TRADUÇÃO E NOTAS
J.B. Mello e Souza

A TRILOGIA DE ORESTES
TRADUÇÃO
David Jardim Júnior
PREFÁCIO
Assis Brasil

EDITORA
NOVA
FRONTEIRA

Direitos de edição da obra em língua portuguesa no Brasil adquiridos pela EDITORA NOVA FRONTEIRA PARTICIPAÇÕES S.A. Todos os direitos reservados. Nenhuma parte desta obra pode ser apropriada e estocada em sistema de banco de dados ou processo similar, em qualquer forma ou meio, seja eletrônico, de fotocópia, gravação etc., sem a permissão do detentor do copirraite.

EDITORA NOVA FRONTEIRA PARTICIPAÇÕES S.A.
Rua Candelária, 60 — 7º andar — Centro — 20091-020
Rio de Janeiro — RJ — Brasil
Tel.: (21) 3882-8200

DADOS INTERNACIONAIS DE CATALOGAÇÃO NA PUBLICAÇÃO (CIP)

E77p   Ésquilo
         Prometeu acorrentado e A trilogia de Orestes / Ésquilo ; traduzido por J. B. Mello e Souza, David Jardim Júnior. – 2.ed. – Rio de Janeiro : Nova Fronteira, 2021.
         248 p. ; (Teatro Grego)

         ISBN: 978-65-5640-321-2

         1. Peças de teatro. I. Souza, J. B. Mello e. II. Jardim Júnior, David. III. Título.

CDD: 882
CDU: 82-2

André Queiroz – CRB-4/2242

SUMÁRIO

Prometeu acorrentado
7

Prefácio
Ésquilo e o *Prometeu acorrentado*
8

A trilogia de Orestes
43

Prefácio
44

Agamenon
51

As Coéforas
135

As Eumênides
193

PROMETEU ACORRENTADO

PREFÁCIO

ÉSQUILO E O *PROMETEU ACORRENTADO*

Ésquilo nasceu em Elêusis, subúrbio de Atenas, por volta do ano 525 a. C. Descendia de família nobre e teve educação esmerada, realizando viagens por várias regiões da Grécia, e pela Sicília, onde conheceu o famoso tirano Dionísio de Siracusa. Era homem feito quando se deu a invasão persa; e como patriota, combateu nas gloriosas batalhas de Maratona, de Salamina e de Plateia. Suas obras granjearam-lhe merecida fama, e honrarias várias. Morreu o grande autor dramático em Gela, na Sicília, no ano 456 a.C.

Das sete peças que se conhecem de Ésquilo, uma das mais grandiosas, pelo temas que focaliza, é *Prometeu acorrentado*.

Segundo a *Teogonia*, Júpiter, ao assumir o governo do universo, tornando-se deus supremo, cogitava conservar a espécie humana em uma condição próxima da animalidade irracional, senão destruí-la, substituindo-a por outra, de sua criação. Contrariando, porém, os desígnios da suprema potestade, o titã Prometeu, condoído da sorte da humanidade, consegue apoderar-se de uma faísca do fogo celeste, com o que dotou o homem da razão, e das faculdades de cultivar a inteligência, as ciências e as artes.

Como punição por esse crime, ordena Júpiter que Prometeu seja acorrentado a um rochedo, na inóspita região da Cítia (Cáucaso) e ali permaneça pelos séculos adiante, a menos que consinta em revelar, aos emissários do irritado nume, os segredos terríveis que só ele conhece, e que permitiriam a Júpiter devassar os mistérios de seu próprio futuro e evitar uma queda semelhante à que causou a ruína de Cronos (Saturno), seu pai e antecessor no domínio do orbe.

Prometeu, porém, conhecedor desses arcanos do *Fatum* (seu nome significa: "o que prevê"), resiste aos mais atrozes sofrimentos, como imortal que é, procedendo com uma altivez extraordinária, sem proferir um só queixume enquanto Vulcano, cumprindo as ordens de Júpiter, o prende, por meio de cadeias indestrutíveis, ao inacessível penedo. O Poder (Krakós), que determina e fiscaliza a execução dessas ordens cruéis, instiga e ameaça o próprio Vulcano, que se mostra penalizado a um deus, seu parente. Retiram-se os deuses, enviados por Júpiter (inclusive a Violência, personagem mudo), e só então Prometeu solta os seus brados de revolta e desespero, na solidão em que se encontra.

Surgem, então, as Ninfas, filhas de Oceano, que ali foram ter, atraídas pelo rumor dos martelos de Vulcano. A seu pedido, o infeliz Prometeu conta-lhes o que fizera, e explica a razão do suplício a que fora condenado.

O próprio Oceano ali vai ter e, comovido, procura confortar a vítima da cólera de Zeus, aconselhando-lhe prudência e submissão, e prometendo, sob tais condições, intervir junto ao supremo senhor do Olimpo em favor do desgraçado. Prometeu rejeita esses bons ofícios e procura dissuadir o Oceano de tal propósito. O diálogo que entre os dois se trava contém afirmações de impressionante beleza.

Depois de um longo diálogo entre o herói decaído e o coro que deplora seu sofrimento, surge a figura horrível de Io.

Filha de Ínaco, rei de Argos, Io era sacerdotisa de Juno, quando Júpiter por ela se apaixonou. Com o propósito de iludir a esposa, o deus olímpico transformou a jovem numa ovelha de extraordinária beleza. Vendo-a, após a metamorfose, Juno pediu, e obteve do esposo, que lhe cedesse a ovelha; e, zelosa, suspeitando já de alguma coisa, confiou-a à guarda do cão Argos, de cem olhos.

A mando de Júpiter, porém, Mercúrio consegue iludir a vigilância de Argos, e retira Io da prisão onde se achava. Foi então que, descobrindo o embuste, Juno, irritada, resolve que um moscardo de medonho aspecto persiga, sem cessar, a pobre Io, que, desesperada, foge atravessando os campos, mares e desertos, galgando serranias e atingindo os confins do mundo. Bem se compreende o extraordinário efeito que o autor alcançou pondo, um diante do outro, a Prometeu, condenado à eterna imobilidade, e Io, condenada a não parar nunca em sua corrida louca, ambos vítimas da iniquidade e da prepotência dos numes.

Prometeu, como prova de sua infalibilidade em devassar o destino humano, refere o que se passou com Io até aquele momento, e profetiza os seus ingentes padecimentos ainda futuros, e sua final libertação.

Reaparece o medonho inseto, e a pobre Io prossegue desatinada, em sua fuga.

No último ato da tragédia, é o próprio Mercúrio, filho e emissário de Júpiter, que vem ter junto ao desgraçado Prometeu, e, renovando as ameaças tremendas do deus supremo, tenta arrancar do acorrentado titã os segredos que ele conhece e guarda. Mas esse esforço é baldado. Dando provas de uma coragem que toca as raias do sublime, o revoltado herói resiste ainda, em respostas plenas de altivez e de audaciosa ironia. Comunica-lhe, então, Mercúrio, a última determinação do irado Zeus: Prometeu teria seu suplício aumentado pelo abutre que viria, diariamente, devorar-lhe o fígado, até que um raio, expedido por Júpiter, precipitasse nos abismos do Tártaro o acorrentado prisioneiro, sob o peso da derruída penedia.

E com o comovente brado de Prometeu, que, presciente, já ouve o fragor da horrenda catástrofe, termina a tragédia esquiliana.

Como nas demais peças do grande trágico eleusiano, as personagens do *Prometeu acorrentado* são vítimas impotentes da fatalidade inexorável. O anúncio, porém, de um futuro melhor, uma forte brisa de esperança, perpassa, afinal, para conforto dos que sofrem os males do destino. Prometeu seria libertado ao cabo de longo tempo de suplício. *Prometeu acorrentado* é o primeiro episódio de uma majestosa trilogia, da qual se perderam as outras partes. Perda lamentável, sem dúvida, pois não nos permite conhecer toda a significação moral dessa tragédia, em que se vê o deus supremo perseguir atrozmente a um nume tutelar dos míseros mortais, a um benfeitor da Humanidade.

— J.B. Mello e Souza

PERSONAGENS

O poder

A violência (personagem muda)

Vulcano

Prometeu

Coro das ninfas, filhas do oceano

O oceano

Io, filha de Ínaco

Mercúrio

*Nos rochedos da Cítia, o PODER,
a VIOLÊNCIA, VULCANO e PROMETEU*

O PODER: Eis-nos chegados aos confins da terra, à longínqua região da Cítia, solitária e inacessível! Cumpre-te agora, ó Vulcano, pensar nas ordens que recebeste de teu pai e acorrentar este malfeitor, com indestrutíveis cadeias de aço, a estas rochas escarpadas. Ele roubou o fogo — teu atributo, precioso fator das criações do gênio, para transmiti-lo aos mortais! Terá, pois, que expiar este crime perante os deuses, para que aprenda a respeitar a potestade de Júpiter e a renunciar a seu amor pela Humanidade.

VULCANO: Para vós, Poder e Violência — a ordem de Júpiter está cumprida; nada mais resta a fazer. Quanto a mim, sinto-me sem coragem para acorrentar pela força a um deus, meu parente, sobre esta penedia, exposto à fúria das tempestades! Vejo-me, no entanto, coagido a fazê-lo, pois seria perigoso esquecer as ordens de meu pai. Preclaro filho da sábia Têmis, é bem contra minha vontade, e a tua, que te vou prender por indissolúveis cadeias, a este inóspito rochedo, de onde não ouvirás a voz nem verás o semblante de um único mortal; e onde, queimado lentamente pelos raios ofuscantes do sol, terás adusta a epiderme; onde a noite estrelada tardará a poupar-te à luz intensa, assim como o sol tardará em secar o orvalho matinal. Oprimir-te-á o peso de uma dor perene, pois ainda não nasceu, sequer, o teu libertador. Eis a consequência de tua dedicação pelos humanos; como deus, que tu és, fizeste aos mortais uma dádiva tal, que ultrapassou todas as prerrogativas possíveis. Como castigo por essa temeridade, ficarás sobre esta rocha terrífica, em pé, sem sono e sem repouso; debalde farás ouvir suspiros e clamores dolorosos; o coração de Júpiter é inexorável... Um novo senhor é sempre severo!...

O PODER: E então? Por que tardas ainda? De que vale esta vã piedade? Pois quê?... por acaso não detestas a uma divindade inimiga dos demais deuses, visto que transmitiu aos homens as honras que eram teu privilégio?

VULCANO: É que... os laços do sangue, e os da amizade, são poderosos!

O PODER: Sem dúvida! Mas como desobedecer às ordens de teu pai? Não o temes, por acaso?

VULCANO: Tu serás sempre, ó Poder, destituído de piedade, e capaz de tudo!

O PODER: Certamente! De que serve lamentar a sorte deste criminoso, uma vez que não há remédio possível para seu mal? Não te canses, pois, na busca de um socorro inútil.

VULCANO: Oh!... Como abomino o ofício a que me consagrei!

O PODER: Por quê? Esse ofício não é a causa, nem a origem, dos males que aqui vemos presentes.

VULCANO: Quem me dera um companheiro, que comigo partilhasse deste sacrifício!...

O PODER: Muito podem os deuses, na verdade, porém, dependem de um poder supremo; só Júpiter é onipotente.

VULCANO: Realmente assim é... Tudo o que vemos o prova; nada tenho a objetar.

O PODER: Nesse caso, por que não cumpres tua missão, a fim de que teu pai não te veja negligente?

VULCANO: Os elos para os braços, ei-los aqui: podes vê-los.

O PODER: Vamos! Passa-lhos pelas mãos!... agora, prende-os ao rochedo por fortes marretadas.

VULCANO: Já o fiz, e meu trabalho não será em vão.

O PODER: Bate ainda mais! Aperta! Não deixes afrouxar a corrente, pois ele é habilidoso e capaz de se libertar de nós inextricáveis!

VULCANO: Este braço em caso algum se poderá desprender...

O PODER: Pois acorrenta agora o outro, de tal sorte que ele sinta, embora engenhoso, que é inferior a Júpiter.

VULCANO: Eis aí! Como o fiz, ninguém poderá censurar, exceto Prometeu.

O PODER: Prende agora com toda a força este gancho de aço, atravessando-lhe o peito.

VULCANO: Ai de ti, Prometeu! Como me penaliza tua desgraça!

O PODER: Eis-te de novo hesitante, com pena dos inimigos de Júpiter! Cuidado, Vulcano; que também um dia virás a sofrer!

VULCANO: Vê! Que horrendo espetáculo!

O PODER: Vejo apenas um audacioso convenientemente castigado. Vamos! Passa estas correntes em torno de seus quadris!

VULCANO: Sei o que me cumpre fazer! Tuas ordens são supérfluas!

O PODER: Não importa! Minhas ordens e meus gritos não deixarão de te apressar! Desce um pouco agora; prende-lhe as pernas por fortes elos.

VULCANO: Já o fiz, sem grande dificuldade.

O PODER: Prende agora os pés por meio destes cravos. Quem vai julgar teu trabalho é severo; não o esqueças!

VULCANO: Como tuas palavras correspondem bem a teu interior!

O PODER: Apieda-te de quem quiseres, mas não censures minha audácia, nem a dureza de meu coração!

VULCANO: Retiremo-nos! Seus membros já estão bem acorrentados!

O PODER: Insulta agora daqui os deuses, ó Prometeu! Rouba-lhes as honras divinas, para dá-las a seres que não viverão mais que um dia! Poderão, por acaso, os mortais, minorar teu suplício? Em vão te deram os deuses o nome de Prometeu...[1] Tu, sim!, precisas de um Prometeu que te liberte!

PROMETEU, *só*

PROMETEU: Ó divino éter! Ó sopro alado dos ventos! Regatos e rios, ondas inumeráveis, que agitais a superfície dos mares! Ó Terra, mãe de todos os viventes, e tu, ó Sol, cujos olhares aquecem a natureza! Eu vos invoco... Vede que sofrimento recebe um deus dos

---

1 Prometeu significa "o previdente", ou "o que prevê".

outros deuses! Vede a que suplício ficarei sujeito durante milhares de anos! E que hediondas cadeias o novo senhor dos imortais mandou forjar para mim! Oh! eis-me a gemer pelos males presentes, e pelos males futuros! Quando virá o termo de meu suplício? Mas... que digo eu? O futuro não tem segredos para mim; nenhuma desgraça imprevista me pode acontecer. A sorte que me coube em partilha, é preciso que eu a suporte com resignação. Não sei eu, por acaso, que é inútil lutar contra a força da fatalidade? Não me posso calar, nem protestar contra a sorte que me esmaga! Ai de mim! Os benefícios que fiz aos mortais atraíram-me este rigor. Apoderei-me do fogo, em sua fonte primitiva; ocultei-o no cabo de uma férula, e ele tornou-se para os homens a fonte de todas as artes e um recurso fecundo... Eis o crime para cuja expiação fui acorrentado a este penedo, onde estou exposto a todas as injúrias! Oh! Ai de mim! Que rumor será este? Que estranho perfume vem para mim? Será de origem divina ou mortal? Ou de uma e de outra ao mesmo tempo? Quem quer que seja, virá apenas contemplar meu sofrimento, ou que outro motivo o traz? Vede, eis aqui, coberto de correntes, um deus desgraçado, incurso na cólera de Júpiter, odioso a todas as divindades que frequentam seu palácio, tudo isso porque amei os mortais... Mas... que ouço agora? Será um rumor de aves que se aproximam? O ar se agita a um bater de asas... Seja o que for, tudo me apavora!

PROMETEU e O CORO *das Ninfas do* OCEANO.

O CORO: Nada temas! É um bando amigo que, trazido pelas asas ligeiras, veio ter a este rochedo depois de haver obtido, a custo, o assentimento paterno. Ventos propícios conduziram-nos a esta montanha. O tinir do martelo chegou a nossas grutas e fez com que, vencendo nossos temores, viéssemos descalças, em nosso carro alado.

PROMETEU: Ai de mim, fecundas filhas de Tétis e do pai Oceano, cujas águas circundam a terra, com suas ondas em perenal movimento. Olhai! e vede, os laços por que estou acorrentado a este íngreme rochedo, onde ficarei de sentinela, bem a meu pesar, pelos tempos afora!

O CORO: Nós o vemos, ó Prometeu; e uma nuvem de terror, cheia de lágrimas, caiu sobre nossos olhos quando contemplamos teu corpo a arder, preso a este penedo, por essas aviltantes cadeias de ferro. Tudo isso porque novos senhores dominam agora o Olimpo: Júpiter reina de fato por novas e iníquas leis, e procura destruir tudo o que era outrora digno de veneração.

PROMETEU: Melhor fora que me precipitassem sob a terra, nos abismos impenetráveis do Tártaro, do próprio inferno de Plutão, destinado aos mortos, prendendo-me por indestrutíveis e cruéis cadeias, lá, onde nem os deuses nem os mortais se pudessem alegrar com isso... Mas aqui, exposto ao ar, eu sofro, miserável, suplícios que são motivos de júbilo para meus inimigos!

O CORO: Oh! Qual dos deuses terá um coração tão duro, que se possa alegrar com tal espetáculo? Qual deles, exceto Júpiter, deixaria de se condoer de teu sofrimento? Irritado sempre, e inflexível, ele não deixará de saciar sua crueldade sobre a raça celeste, até que um esforço feliz lhe arranque um poder infelizmente agora sólido demais!

PROMETEU: Certamente, embora acabrunhado pelo peso esmagador destas duras correntes, o senhor dos imortais será coagido a recorrer a mim para saber em tempo qual a nova conspiração que lhe há de arrebatar o cetro e as honrarias. Mas em vão há de empregar as mais terríveis ameaças; não lhe revelarei tal segredo enquanto não houver rompido estas correntes e consentido em reparar minha injúria.

O CORO: Sempre a mesma altivez! Tu não cedes, Prometeu, mesmo no cúmulo da desgraça! Tua voz nada respeita. O terror nos perturba; nós trememos por ti. Receamos que jamais possas ver o termo de teus suplícios. A alma do filho de Saturno é impenetrável, e seu coração inflexível.

PROMETEU: Júpiter é rígido, bem o sei; sua vontade só, é, para ele, a justiça. No entanto, na iminência de imprevistos golpes, sua cólera indomável se há de aplacar; e, com tanta solicitude como eu próprio teria, há de procurar meu socorro e minha amizade.

O CORO: Dize, porém, sem nada ocultar, por qual ofensa tua Júpiter ordenou que sofresses tão bárbaro tratamento? Qual foi teu crime? Fala, se é que isso não venha aumentar o teu sofrer.

PROMETEU: Ai de mim! Doloroso será, para mim, vô-lo contar, mas não menos doloroso silenciar; tudo agrava a minha angústia. O ódio acabara de romper entre os deuses em dissídio. Uns queriam, expulsando Saturno, dar o cetro a Júpiter; outros, ao contrário, esforçavam-se por afastá-lo do trono. Em vão procurei dar os mais prudentes conselhos aos filhos do Céu e da Terra, os Titãs; sua audácia desprezava todo a artifício, toda a habilidade; eles supunham triunfar sem esforço graças a seu próprio poder. Quanto a mim, Têmis, minha mãe, e a própria Terra, adorada sob tantos nomes diversos, me tinham profetizado que, no combate prestes a travar-se, a força e a violência de nada valeriam; o ardil, tão somente, decidiria da vitória. Quando lhes anunciei este oráculo, mal consentiram em ouvir-me! Em tal emergência, pareceu-me prudente, acompanhando minha mãe, adotar o partido de Júpiter, que insistia comigo para que o apoiasse. Graças a mim, e a meus conselhos, foi-lhe possível precipitar nos negros e profundos abismos do Tártaro, o venerando Saturno e todos os seus defensores. Após tamanho serviço, eis o prêmio ignóbil com que me recompensou o tirano do céu! Tal é a prática da tirania: a ingratidão para com seus amigos... Mas o que tanto quereis saber: a causa do meu suplício, eu vou dizer agora.

Logo que se instalou no trono de seu pai, distribuindo por todos os deuses honras e recompensas, ele tratou de fortificar seu império. Quanto aos mortais, porém, não só lhes recusou qualquer de seus dons, mas pensou em aniquilá-los, criando em seu lugar uma nova raça. Ninguém se opôs a tal projeto, exceto eu. Eu, tão somente, impedi que, destruídos pelo raio, eles fossem povoar o Hades. Eis a causa dos rigores que me oprimem, deste suplício doloroso, cuja simples vista causa pavor. Porque me apiedei dos mortais, ninguém tem pena de mim! No entanto, tratado sem piedade eu sirvo de eterna censura à prepotência de Júpiter.

O CORO: Que coração de granito, ou de ferro, deixará de partilhar teu sofrimento, ó Prometeu? Nós, que o vimos, temos o coração transpassado pela dor.

PROMETEU: Sem dúvida, meus amigos se condoerão de mim.

O CORO: Mas... nada mais fizeste, além disso?

PROMETEU: Graças a mim, os homens não mais desejam a morte.

O CORO: Que remédio lhes deste contra o desespero?

PROMETEU: Dei-lhes uma esperança infinita no futuro.

O CORO: Oh! que dom valioso fizeste aos mortais!

PROMETEU: Além disso, consegui que eles participem do fogo celeste.

O CORO: O fogo?!... Então os mortais já possuem esse tesouro?

PROMETEU: Sim; e desse mestre aprenderão muitas ciências e artes.

O CORO: E por isso é que Júpiter te castiga tão cruelmente? Não terás, por acaso, um repouso sequer? Virá, um dia, o termo de teus males?

PROMETEU: Nenhum fim, senão o que ele quiser.

O CORO: E acaso quererá ele, um dia? Não sentes o teu crime? Censurá-lo, porém, não nos causa prazer, e agrava tuas dores. Silenciemos, pois, e trata de te libertar.

PROMETEU: É fácil, para quem está no porto, excitar e aconselhar a quem se acha em plena tormenta! Eu havia previsto tudo... Eu quis cometer o meu crime! eu o quis, conscientemente, não o nego! Para acudir aos mortais, causei minha própria perdição, mas nunca supus que me veria assim consumido sobre estes rochedos, no cume deserto de montanha inabitável. Não vos limiteis, porém, em deplorar minha atual desgraça; descei junto a mim, vinde saber qual a sorte que me está reservada, investigai todo o meu destino; não recuseis o que vos peço; tende piedade de um infeliz. Ai de mim! O infortúnio esvoaça por sobre nós, e ameaça todas as cabeças...

O CORO: Tu nos convences sem demora, ó Prometeu! Desceremos, ligeiras, deste rápido carro e deixando as rotas aéreas e puras dos pássaros, viremos ter junto desse rochedo escarpado; nós saberemos de bom grado a história de tuas desgraças...

PROMETEU, O CORO, O OCEANO.

O OCEANO: Chego, finalmente, perto de ti, Prometeu, depois de haver percorrido países imensos, sobre este monstro alado que minha vontade conduz sem o concurso de freio. Partilho de tuas dores, certamente, o sangue que nos une assim o quer, expressamente. Mas, ainda que fosses um estranho, ninguém me seria mais caro que tu. Não sei mentir, nem bajular: tu o verás desde logo. Fala, e diz-me como eu te posso socorrer: o Oceano será sempre teu amigo fiel.

PROMETEU: Quê? Tu também, Oceano, queres ser testemunha de minha desgraça? Ousas deixar os mares que usam teu nome, e teus abismos profundos, abertos pela natureza, para galgar estas montanhas que nada contêm senão o ferro? Será a curiosidade ou a compaixão, o que te conduz até aqui? Vê este espetáculo, vê que tratamento eu suporto, eu, o amigo de Júpiter, que o ajudei, sozinho, a subir ao trono.

O OCEANO: Eu o vejo, Prometeu... E, seja qual for tua sagacidade, eu te darei um conselho... Concentra-te em ti mesmo; um novo Senhor domina os deuses; convém que tomes, pois, outros sentimentos... Se te mantiveres nestes protestos injuriosos, do alto do Olimpo Júpiter há de te ouvir, e brevemente teus males, agravados, farão com que tenhas saudade da condição atual. Abafa, ó infeliz, tua cólera impotente; procura alcançar o perdão... Talvez este conselho te pareça de um velho; mas tu sabes que males pode atrair um discurso insolente. Nada te pode humilhar, nada te pode abater... mas tu procuras redobrar teu sofrimento. Crê-me; curva-te sob o jugo: pensa que, atualmente, reina um senhor severo e supremo! Vou procurá-lo e tentarei obter tua liberdade. Modera-

-te, pois; não soltes tua língua irreverente! Esclarecido, como és, acaso ignoras que a punição é a consequência certa de tuas palavras imprudentes?

PROMETEU: Admira-me que tu não hajas sido tratado como criminoso, visto que foste meu cúmplice e meu ajudante... Mas, basta! Abandona esses inúteis cuidados; tu não me farás ceder. Cuidado! Não te cause esta visita alguma desgraça!...

O OCEANO Sabes aconselhar aos outros bem melhor do que a ti mesmo... Disso estás dando a prova... Não queiras, porém, impedir minha zelosa intervenção; orgulho-me em dizer que hei de obter o perdão de Júpiter, que te libertará desse suplício.

PROMETEU: Reconheço tua boa vontade, e ser-te-ei por isso eternamente grato: sei que tua amizade não se cansa. Mas não te esforces por me valer, pois tudo o que tentasses seria baldado. Trata de procurar repouso e abrigo. Se eu sou desgraçado, não quero arrastar comigo a quem quer que seja, ao abismo da desgraça.

O OCEANO: Não! Hei de lamentar sempre tua sorte, e a de teu irmão Atlas, que, curvado para as portas do ocidente, sustém sobre o dorso as colunas do Céu e da Terra, fardo que suporta com sacrifício! Não! Não verei nunca sem comiseração, o habitante dos abismos da Cilícia, o filho da Terra, esse gigante prodigioso, o audacioso Tífon, de cem cabeças, dominado por um braço vingador, ele, que desafiava a todos os deuses! Suas horrendas bocas exalavam a morte; faíscas fulminantes jorravam-lhe dos olhos... Ele deveria subverter o império de Júpiter... Mas a arma terrífica de Júpiter, o raio, que nunca dorme, precipita-se, e o atinge; suas ameaças são aniquiladas! Ferido pelo raio, ele é pulverizado até nas entranhas, sua força destruída, e agora, cadáver inútil jaz ao longo do mar, junto ao estreito, na vasta fornalha que crepita nos subterrâneos do Etna, em cujos topos Vulcano forja o ferro ardente. Um dia, de lá jorrarão rios de brasa, cuja vaga destruirá as planícies da formosa Sicíliã...Tudo porque Tífon, exalando seu ódio, embora calcinado pelo raio, fará surgirem ondas ardentes de uma tempestade de fogo que nunca mais se apagará.

PROMETEU: Tua sabedoria, Oceano, prescinde de meus conselhos... Deixa-me suportar minha sorte, até que a cólera de Júpiter se abrande.

O OCEANO: Ignoras por acaso, ó Prometeu, que um discurso pode minorar a mais terrível cólera?

PROMETEU: Sim, quando se espera o momento oportuno; não se se choca violentamente um espírito irritado.

O OCEANO: Que perigo vês tu, em que eu o deseje e o tente conseguir?

PROMETEU: Será esforço inútil, loucura e simplicidade.

O OCEANO: Consinto em sofrer desses males... O sábio que se faz de ingênuo, muita vez realiza melhor seus propósitos.

PROMETEU: Mas essa falsa tentativa me será atribuída.

O OCEANO: Queres, então, que eu volte a meus domínios?

PROMETEU: Sim!... Tua piedade por mim só te pode granjear um inimigo.

O OCEANO: Quem? O novo senhor do Céu?

PROMETEU: Ele mesmo. Evita desagradar-lhe.

O OCEANO: Tua desgraça, sem dúvida, vale por uma terrível lição...

PROMETEU: Pois bem: não o esqueças nunca. Apressa-te em partir!

O OCEANO: Eu creio... e sigo teu conselho. Já esta alimária ligeira agita, com suas asas, as vastas regiões do ar! Ela quer voltar, o mais breve possível, à sua habitação.

(Sai o OCEANO.)

PROMETEU, O CORO.

O CORO: Ó Prometeu! Como deploramos o teu infeliz destino! De nossos olhos comovidos correm rios de lágrimas; nossas faces estão umedecidas pelo pranto. De que terrível poder dispõe Júpiter! Com sua arma poderosa ameaça aos próprios deuses, outrora venerados!

Tudo, nestas tristes paragens, sofre com teus gemidos. Chora-se a tua glória, deplora-se a perda de tuas antigas honras, e das de teus irmãos. Sim, todas as nações, todos os povos do continente sagrado da Ásia partilham de tuas penas: as mulheres valorosas nos combates, que habitam a Cólquida; as tribos citas espalhadas pelos confins do mundo, ocupantes do escarpado Cáucaso, guerreiros ferozes, armados em suas lanças agudas.

Atlas, esse outro titã, era o único dos deuses que víamos em cadeias de dor, martirizado pelo sofrimento: Atlas que, sem repouso, sustém sobre os ombros o peso enorme, a calota do céu. Sorte miseranda! Rugem as ondas, quebrando-se a seus pés: geme o abismo, freme o antro sombrio de Plutão, e até as límpidas fontes murmuram...

PROMETEU: Se me calo, não é por orgulho, ou desprezo; mas o furor devora minha alma quando me vejo preso a esta rocha. No entanto, a quem mais, senão a mim, devem os novos deuses as honras que desfrutam? Não falemos mais nisso; seria repetir o que já sabeis. Ouvi, somente, quais eram os males humanos, e como, de estúpidos que eram, eu os tornei inventivos e engenhosos. Eu vô-lo direi, não para me queixar deles, mas para vos expor todos os meus benefícios. Antes de mim, eles viam, mas viam mal; e ouviam, mas não compreendiam. Tais como os fantasmas que vemos em sonhos, viviam eles, séculos a fio, confundindo tudo. Não sabendo utilizar tijolos, nem madeira, habitavam como as próvidas formigas, cavernas escuras cavadas na terra. Não distinguiam a estação invernosa da época das flores, das frutas, e da ceifa. Sem raciocinar, agiam ao acaso, até o momento em que eu lhes chamei a atenção para o nascimento e o ocaso dos astros. Inventei para eles a mais bela ciência, a dos números; formei o sistema do alfabeto, e fixei a memória, a mãe das ciências, a alma da vida. Fui eu o primeiro que prendi os animais sob o jugo, a fim de que, submissos à vontade dos homens, lhes servissem nos trabalhos pesados. Por mim foram os cavalos habituados ao freio e moveram os carros para as pompas do luxo opulento. Ninguém mais, senão eu, inventou esses navios que singram os mares, veículos alados dos marinheiros. Pobre de mim! Depois de tantas invenções, em benefício dos mortais, não posso descobrir um só meio para pôr fim aos males que me torturam.

O CORO: Agiste sem discernimento, e sofres por isso uma pena incrível! Médico incapaz para curar teus próprios males, perdes a esperança, e não descobres o remédio que te há de salvar.

PROMETEU: Ouvi o resto, e ainda mais admirareis o valor das artes e indústrias que dei aos mortais. Antes de mim — e este foi meu maior benefício —, quando atacados por qualquer enfermidade, nenhum socorro para eles havia, quer em alimento, quer em poções, bálsamos ou medicamentos: eles pereciam. Hoje, graças às salutares composições que lhes ensinei, todos os males são curáveis. Elucidei-lhes todos os gêneros de adivinhações; fui o primeiro a distinguir, entre os sonhos, as visões reveladoras da verdade; expliquei-lhes os prognósticos difíceis, bem como os prognósticos fortuitos ou transitórios. Interpretei precisamente o voo das aves de rapina, bem como os augúrios, felizes ou sinistros, que provêm de outros animais; fiz ver quando reina entre eles o ódio, ou a concórdia e a união: enfim, o que pode haver nas entranhas das vítimas, de agradável aos deuses, no aspecto e na cor; na beleza das formas do fel e do fígado. Estendendo sobre o fogo, num envoltório de gordura, as partes internas e os membros dos animais, iniciei os mortais numa ciência difícil, dando-lhes a conhecer signos até então ignotos. E não é tudo: a prata e o ouro, quem se orgulhará de tê-los descoberto, antes de mim? Ninguém, a menos que se trate de um impostor. Em suma: todas as artes e conhecimentos que os homens possuem são devidos a Prometeu.

O CORO: Depois de haver prestado tamanhos benefícios aos mortais, não te abandones à desgraça. Estamos persuadidas de que poderias, liberto dessas cadeias, ser tão poderoso quanto Júpiter...

PROMETEU: Não!... Não foi assim que dispôs o destino inexorável. Só depois de haver sofrido penas e torturas infinitas é que sairei desta férrea prisão. A inteligência nada pode contra a fatalidade.

O CORO: E a fatalidade, quem a dirige?

PROMETEU: As três Parcas, e as Fúrias, que nada perdoam.

O CORO: Será Júpiter, acaso, menos poderoso que essas divindades?

PROMETEU: Sim... ele próprio não poderá eximir-se a seu destino.

O CORO: Seu destino? Qual será seu destino, senão o de reinar para sempre?

PROMETEU: Nada mais pergunteis; convém cessar vossa insistência.

O CORO: Tão terrível é, pois, o segredo que tu guardas?

PROMETEU: Façamos ponto aí... ainda não é tempo de revelar esse mistério. Que ele permaneça mais oculto que nunca; de minha discrição dependem a minha liberdade e o fim de meu sofrimento.

O CORO: Que nunca Júpiter, o onipotente, queira usar a sua força em oposição a nossos desejos! Que nunca sejamos negligentes no culto devido aos deuses por hecatombes sagradas, junto às fontes eternas do Oceano, o nosso pai! Que jamais façamos o mal com as nossas palavras! Fiquem estas máximas indelevelmente gravadas em nosso espírito, para que nunca mais desapareçam!

É doce passar uma vida imortal na segurança mais perfeita, nutrindo a alma com os mais puros prazeres do espírito... Nós estremecemos de horror ao ver-te assim oprimido por tantas desgraças!

Mísero Prometeu! Tu não temeste a Júpiter: por uma inclinação natural fizeste demasiado bem aos humanos. Onde está o fruto dessa dedicação inútil? Dize, infeliz, que socorro, que conforto te podem trazer essas criaturas efêmeras? Não sabes, por acaso, em que consiste essa vida transitória, semelhante aos sonhos, que iludem os pobres seres humanos? Não sabes que seus esforços jamais conseguirão prevalecer contra a vontade de Júpiter? Tua sorte funesta vale por uma lição para nós, ó Prometeu! Ai de ti! Como serão doravante os nossos hinos diferentes dos que cantávamos em torno de teu banho e de teu leito no dia ditoso em que, vencida por teus dons, nossa irmã Hesíone se tornou tua esposa!

PROMETEU, O CORO, IO.

IO: Que país será este? Quem o habita? A quem vejo ali, acorrentado àqueles rochedos gelados? Por que crime está sendo assim punido? Dize-me: aonde me trouxe, neste momento, meu triste fado? Ó céus! Ó deuses! Como sou desgraçada! Já o moscardo me fere de novo! Ó terra! Afasta para longe esta sombra de Argos, teu filho: causa-me horror o aspecto deste monstro de cem olhos, que me persegue com seus pérfidos olhares! Nem a morte o faz parar! Pobre de mim! Ele sai dos infernos para me perseguir, para me obrigar a fugir, faminta, por estas plagas sem fim! Debalde esta flauta, cujos tubos ainda prende a cera, faz ouvir algumas dolentes melodias... Deuses imortais, onde estarei eu? A que região do mundo me trouxe esta carreira sem descanso? Filho de Saturno, de que crime fui culpada, para sofrer tão triste sorte? Por que motivo queres assim torturar uma infeliz que perdeu a própria consciência? Quero que me aniquile o teu raio, que a terra me esmague, ou que me devorem os monstros marinhos! Por que não atendes a esta minha súplica, ó deus poderoso?! Assaz já tenho sofrido nesta corrida infinita e penosa!... Poderei saber um dia quando esta desgraça terá fim?

O CORO: Ouves tu, Prometeu, a voz desta jovem?

PROMETEU: Sim... Ouço a voz da infeliz a quem persegue um inseto cruel: é a filha de Ínaco, por quem Júpiter está apaixonado, e a quem Juno, ciumenta, obriga a fugir, sem repouso, numa corrida louca, por este mundo afora.

IO: Como podes saber o nome de meu pai? Responde a esta infeliz!... Quem és tu? Se tu mesmo não passas de um desgraçado, como conheces tão bem os meus males? Tu bem sabes o que é este flagelo aéreo que me consome e me despedaça com seu ferrão cruel. Esfaimada, corri até aqui, aos saltos; uma força inimiga me oprime! Que míseras criaturas foram jamais atormentadas como eu? Dize, pois: que calamidades terei ainda a sofrer? Há remédio para meu mal? Se conheces algum, ensina-mo, por piedade; não há jovem que tenha sofrido tanto como eu, nesta carreira errante!

PROMETEU: Eu te direi claramente o que desejas saber; eu te direi sem enigmas, com toda a simplicidade, como se deve falar a um amigo. Vês aqui aquele que deu o fogo aos mortais: Prometeu!

IO: Ó benfeitor da Humanidade! Infeliz Prometeu! Como mereceste tal suplício?

PROMETEU: Há pouco eu acabara esta lamentável história...

IO: Dize-me, porém, por favor...

PROMETEU: De mim tudo poderás saber!...

IO: Quem te acorrentou a este rochedo escarpado?

PROMETEU: A ordem de Júpiter e a mão de Vulcano.

IO: E de que crime és acusado?

PROMETEU: Já disse o que devia: é o que te deve bastar.

IO: Mas dize-me ao menos isto: qual será o fim desta minha carreira dolorosa?

PROMETEU: Bem melhor será que o ignores, do que conhecê-lo.

IO: Oh! Não me ocultes coisa alguma do que me resta ainda sofrer!

PROMETEU: Visto que tanto empenho mostras, penso que devo satisfazer teu desejo.

IO: Pois bem... que mais esperas? Acaso invejas a minha sorte?

PROMETEU: Não... receio apenas despedaçar teu coração.

IO: Não me poupes mais do que eu me pouparia...

PROMETEU: Tu insistes... Devo, pois, falar... Ouve!

O CORO: Espera um momento, Prometeu! Nós partilhamos de tua comiseração. Convém, primeiramente, que ouçamos dela própria a história de seu tormento, e do infortúnio que a persegue. Dir-lhe-ás, em seguida, o futuro que lhe está reservado.

PROMETEU: Io, elas são irmãs de teu pai; tu deves atender a seus apelos. É sempre um conforto revelar nossas dores àqueles que nos ouvem condoídos, e nos comovem com suas lágrimas.

IO: Como poderia eu deixar de cumprir vosso desejo? Ouvi, pois, a história que tanto desejais conhecer, embora muito me custe recordar a causa do flagelo com que o céu me oprime, e da horrível transformação que tenho sofrido. Quando, no recesso de meu retiro virginal, ainda os sonhos me deleitavam, uma voz insidiosa me dizia: "Ó ninfa ditosa, por que insistes em conservar tua virgindade, se podes realizar o mais glorioso himeneu? Por ti arde Júpiter na chama do desejo; contigo ele quer fruir os prazeres do amor. Filha de Ínaco, não desprezes o amor de Júpiter; corre às plagas de Lerna, àquelas campinas irrigadas por teu pai, e cede ao olhar amoroso de um deus que te adora." Pobre de mim! Tais eram os sonhos que me perseguiam todas as noites. Resolvi, finalmente, cientificar meu pai do que se passava. Ele enviou mensageiros a Pitos e a Dodona, a fim de indagar o que era mister para agradar aos deuses. Por algum tempo não obteve senão respostas ambíguas, cujo sentido se ocultava sob a mais impenetrável obscuridade. Deram-lhe, por último, uma decisão oracular determinando que eu fosse expulsa de minha casa e de minha pátria, e condenada a vagar sem rumo aos confins do mundo. Se meu pai não obedecesse, Júpiter desfecharia raios fulminantes, que destruiriam totalmente a nossa raça. Cumprindo esse oráculo de Apolo, meu pai obrigou-me a partir para longe, em doloroso exílio. Ele assim agiu, eu bem sei, contra a sua, e a minha vontade; mas o poder de Júpiter o forçou a praticar tamanha violência. Desde logo minha razão e meus traços fisionômicos se alteraram: apontam estes chifres em minha fronte; um moscardo me fere com seu ferrão agudo... Aos saltos, numa corrida louca, atirei-me à corrente benéfica do Cencreia, e procurei a fonte mais alta do Lerna. Um cão pastor, filho da Terra, o impiedoso Argos, seguia-me por toda parte, observando-me com seus inúmeros olhos. Inesperado golpe privou-o, de repente, da vida; mas o terrível inseto, flagelo divino, continuou a perseguir-me, expulsando-me de um país para o outro. Eis o que tem sido minha sorte até o presente momento; visto que sabes o que ainda me resta a sofrer, dize-me: eu te peço! Não me iludas com uma mentira...Trair a verdade é o mais vergonhoso dos vícios.

O CORO: Cessa! Cessa! Já é demais... Nunca ouvimos tão sinistra narrativa, nem vimos tão clamorosas desgraças! Um duplo golpe feriu nossas almas... Ó cruel destino! A sorte de Io nos enche de terror!

PROMETEU: Não choreis prematuramente; esperai até que tenhais de tudo pleno conhecimento.

O CORO: Fala, Prometeu! Mesmo no infortúnio é um consolo saber o que se deve ainda sofrer.

PROMETEU: Obtivestes de mim facilmente a satisfação de vosso primeiro pedido; quisestes ouvir dela própria a história de seus males; ouvi agora o que Juno prepara ainda para amargurar esta desgraçada. E tu, filha de Ínaco, conserva na lembrança o que te vou dizer; minhas palavras te instruirão quanto ao fim de tua carreira. Ao saíres destes lugares, dirige teus passos para as portas do Oriente. Cortando o deserto que o arado nunca sulcou, chegarás ao país dos Citas nômades, povos armados de flechas, que por única vivenda têm cabanas de juncos, armadas sobre carros. Evita-os, e para atravessar seu país, procura as praias rochosas do mar sussurrante. À tua esquerda estão os Calibes, forjadores do ferro; convém evitá-los, também: são ferozes e pouco hospitaleiros. Atingirás as margens do rio Orgulhoso, que não desmente seu nome. Não tentes atravessá-lo: a passagem só é possível junto ao Cáucaso, a mais alta dessas serranias, de cujos flancos se forma torrente impetuosa. O cume do Cáucaso avizinha-se das nuvens: será forçoso transpô-lo, e descer para o sul. Lá encontrarás as Amazonas, mulheres guerreiras, que detestam os homens, e que se fixarão um dia em Temiscira perto do Térmodon, no ponto onde penetram no mar: saliências da rocha Salmideia, madrasta dos navios, hospedeira detestada pelos pilotos. As Amazonas conduzir-te-ão com prazer... Chegarás, assim, ao istmo dos Cimérios, junto às gargantas estreitas do pântano Meótido. Ali, deixa com coragem a terra, e atravessa o mar: os mortais guardarão, para sempre, a memória de tua passagem: esse estreito, daí por diante, será chamado Bósforo. Então, não estarás mais na Europa, mas sim na Ásia... Então? Que dizes tu? Não é violento, esse tirano dos céus? Porque pretende conquistar teus favores (um deus, a uma simples mortal!...), ele a condena a tão penosa viagem. Funesto amante, ó minha filha, a sorte maldosa te reservou! E o que ouviste não é, sequer, o simples prelúdio de tuas desgraças.

IO: Céus! Como sou infeliz!

PROMETEU: Tu suspiras, e gemes... Que farás, então, quando souberes de tudo?

IO: Para que me serve a vida? Por que não me precipito desta rocha escarpada? A pedra que me esmagasse seria minha salvação... melhor será morrer uma vez, do que penar todos os dias.

PROMETEU: Como suportarias, então, os tormentos que padeço eu, que estou impossibilitado de morrer! A morte ser-te-á, ao menos, o fim de teus sofrimentos, ao passo que minhas dores só terão fim quando Júpiter for despojado de seu poder.

IO: Que dizes? Perderá Júpiter, um dia, o seu império? Ah! Como eu folgaria se pudesse testemunhar esse fato! Nem poderia desejar outra coisa eu, a quem ele trata com tanta crueldade!

PROMETEU: Ele perdê-lo-á, fica certa.

IO: E quem lhe arrancará o tirânico cetro?

PROMETEU: Ele próprio, em consequência de sua louca temeridade.

IO: Como? Explica-te, se nisso não há perigo.

PROMETEU: Para seu mal, ele tomará uma esposa que o fará arrepender-se!

IO: Será deusa ou mortal? Dize-o, se puderes.

PROMETEU: Que te importa saber? A tal respeito guardarei segredo.

IO: Será ela própria, quem o há de expulsar do trono?

PROMETEU: Ela dará à luz um filho mais forte que seu pai.

IO: E Júpiter não poderá evitar esse golpe?

PROMETEU: Não... Antes que isso aconteça, eu estarei livre destas correntes.

IO: E quem te virá libertar, contra a vontade de Júpiter?

PROMETEU: Um de teus descendentes... É o que terá de acontecer.

IO: Que dizes tu? Um de meus filhos virá dar fim a teus sofrimentos?

PROMETEU: Sim: o terceiro que nascer, depois de dez gerações.[2]

IO: Como este oráculo é difícil de entender-se!

PROMETEU: Não tentes pesquisar mais, nem conhecer os pormenores de teu futuro!

IO: Tu me deste um prazer; não mo retires mais...

PROMETEU: De dois vaticínios, eu só te concederei um.

IO: Quais são eles? Dize-mo, e dá-me o direito de escolher.

PROMETEU: Escolhe, pois: ou sabes o que te resta a sofrer ainda, ou o nome de meu libertador.

O CORO: Ó Prometeu, concede a ela uma dessas graças, e a nós a outra. Não recuses atenção à nossa súplica... Que Io saiba por onde terá de vaguear ainda; e nós, o nome de teu libertador. Estamos desejosas de sabê-lo.

PROMETEU: Vós assim exigis, e eu nada vos posso negar! Io, vou descrever-te tua dolorosa carreira: grava-a profundamente na memória. Logo que transpuseres as águas agitadas do estreito que separa os dois continentes, caminharás para as portas inflamadas do sol, até os campos dos Gorgônios de Cistínia, onde vivem as três velhas, filhas de Fórcis, as três irmãs com aspecto de cisne, que só têm um dente, e um só olho em comum, e que jamais verão os raios do sol, nem o astro da noite. Não estarão longe as três outras irmãs, as aladas Górgonas, monstros execrados pelos humanos; suas

---

[2] Ou o primeiro da 13ª geração (literalmente: o terceiro, de nascimento, depois de dez outras gerações).

cabeças estão eriçadas de serpentes: quem as contemplar, morrerá imediatamente; ficas avisada do perigo. Mais adiante verás outro espetáculo tremendo: os grifos, de longo pescoço, os cães mudos de Júpiter. Foge deles o quanto puderes! Evita, também, os guerreiros que só têm um olho, os Arimaspos, sempre cavalgando, habitantes das margens de Plutão, que rola o ouro em suas ondas. De lá passarás a um país longínquo, de um povo negro, fixado nos limites do Oriente, no sítio de onde sai o rio da Etiópia. Acompanharás a corrente do Nilo até o passo onde, do alto dos montes de Bíblis, ele precipita suas águas majestosas e salutares. Seu curso levar-te-á à ilha triangular do Egito. Nesse lugar, ó Io, é que uma numerosa geração sairá de ti, e de teus filhos. Minha predição parece-te obscura e incompreensível? Faze tuas perguntas, porque posso tudo esclarecer; para isso, bem contra a minha vontade, tenho tempo de sobra.

O CORO: Se ainda houver dolorosas corridas a predizer, que tu esqueceste, termina; se já disseste tudo, concede-nos a nossa vez, a graça que te pedimos, não te esqueças!

PROMETEU: Io já sabe qual será o termo de sua viagem; mas para garantir-lhe que minha predição não falha, dir-lhe-ei o que tem sofrido até vir aqui. Isto será uma prova de minha infalibilidade. Omitirei numerosas circunstâncias, para aludir somente a suas mais recentes peregrinações.

Quando chegaste aos campos Molóssios, junto da alta Dodona, onde permanece a profetisa do deus dos Tésprotas,[3] e onde existem — incrível prodígio! — os carvalhos que falam, estes, em linguagem clara, sem enigmas, saudaram-te como "futura esposa de *Júpiter*" (se é que esse título te agrada ainda), novo acesso te arrebatou, e correste ao longo das praias até o vasto golfo de Reia, de onde retrocedeste ao ponto de partida. O nome de Jônio ali ficou, sem dúvida, como um eterno monumento de tua viagem, ao longo daquele golfo. Por aí tu vês que meu espírito alcança além do tempo presente. Ouvi, agora, todas vós, o que ainda tenho a revelar: retomarei minha pri-

---

3 Júpiter.

meira predição. Em terras do Egito, nos próprios areais que o Nilo banha, está a cidade de Canopo. Ali, acariciando-te, Júpiter há de restituir-te a razão. Terás um filho, o escuro Epafus, cujo nome recordará a aproximação dessa divindade. Epafus cultivará extensa planície que o rio alaga em suas cheias. Cinco gerações depois dele, cinquenta irmãs, para evitar um criminoso consórcio, com os filhos de seu tio, refugiar-se-ão em Argos. Os noivos, porém, levados pela paixão, como a ave de rapina que persegue a tímida pomba, irão em busca de um himeneu que não deveriam ter procurado. O céu, invejoso, vai puni-los. A terra pelágia receberá os corpos desses infelizes, imolados pelo ferro assassino das mulheres, que assim agiam nas trevas da noite. Cada esposa (que Vênus faça o mesmo a meus inimigos!), mergulhando um punhal de afiado gume no peito do esposo, privou-o da vida. Uma única, induzida pelo amor, não dará a morte ao companheiro... Faltou-lhe o ânimo... Forçada a escolher, preferiu que a chamassem de covarde, a ser assassina. Dela nascerá uma família real em Argos. Para contar passo a passo a história dessa dinastia preciso fora um longo discurso. Dessa estirpe nascerá o herói famoso que, com suas flechas, dará fim ao meu tormento. Tal é o oráculo que a antiga Titânide, Têmis, minha mãe, me revelou. Dizer-te como, e quando isso acontecerá, eis o que exigiria demasiado tempo, e tu nada lucrarás em ouvir.

IO: Céus! Um novo acesso, um novo furor me inflama! O moscardo fere-me de novo com seu ferrão ardente; meu coração bate-me, agitado pelo terror, no peito. Meus olhos já se perturbam, e vejo tudo girar em torno de mim. Arrebata-me a loucura... a língua já se recusa a obedecer e... a razão luta em vão contra um odioso vendaval de insânia...

O CORO: Foi um sábio, sem dúvida, aquele que teve a primazia em afirmar que cada qual se deve unir a seu igual, pois quem vive de seu trabalho não deve ambicionar a aliança nem do rico efeminado, nem do nobre orgulhoso. Jamais, ó Parcas, nos destineis ao amor de Júpiter, nem de qualquer outro habitante do Olimpo. Trememos de horror ao ver a pobre Io virgem ainda, evitando o amor de Júpiter, e, apesar disso, forçada por Juno a esta corrida exaustiva. Não há perigo numa união bem proporcionada e ninguém a deve temer, mas... ó Amor, fazei que nunca um Deus poderoso nos veja e nos cobice... A luta seria em extremo desigual, cheia de esforços inúteis. Que seria de nós? Como fugiríamos a Júpiter?

PROMETEU: Embora orgulhoso, Júpiter será humilhado um dia... Tal o fruto do enlace que ele deseja, e que será a causa da ruína de seu trono, e de seu poderio. Realizar-se-á, então, integralmente, a maldição que contra ele lançou Saturno quando foi expulso da antiga sede de seu império. De todos os deuses, só eu poderia ensinar-lhe como evitar essa desgraça; só de mim se poderia obter essa revelação. Nesse dia, em vão ele se porá do alto das nuvens, agitando nas mãos os seus dardos inflamados: nada o salvará de uma queda ignominiosa. Eu vejo como ele próprio está criando o seu inimigo, o prodigioso atleta, difícil de vencer, que lançará fogos mais ardentes que o raio, fará rumores mais fortes que o trovão, e quebrará o tridente de Netuno, esse flagelo marítimo que abala a terra. Naufragando nesse baixio, Júpiter aprenderá, então, o quanto é diferente servir, de dominar.

O CORO: Teu desejo é que faz a predição!

PROMETEU: Sim... eu prenuncio... e o que eu desejo é o que acontecerá.

O CORO: Será possível que Júpiter venha a ter, um dia, um senhor?

PROMETEU: Sim! E não será a última de suas desditas.

O CORO: E tu não tremes pronunciando tais palavras?

PROMETEU: Que posso eu temer? O destino me fez imortal!

O CORO: Mas Júpiter pode agravar teus tormentos...

PROMETEU: Que seja! Estou preparado para tudo.

O CORO: É um sábio aquele que teme a Adrasteu.[4]

PROMETEU: Respeitai, implorai, venerai eternamente esse déspota: para mim Júpiter é o que mais desprezo. Exerça ele contra

---

4 *Adrasteu* — Júpiter.

mim, como quiser, o seu poder transitório: ele não há de reinar muito tempo sobre os deuses. Mas... vejo que se aproxima o seu mensageiro, o ministro desse moderno tirano... sem dúvida vem comunicar-me alguma nova decisão...

PROMETEU, O CORO, MERCÚRIO.

MERCÚRIO: É a ti, espírito sutil, vaso de amargura, inimigo confesso dos deuses, benfeitor dos mortais, roubador do fogo celeste, é a ti que eu falo! Declara — é meu pai que ordena! —: Qual é o himeneu de que te comprazes em falar, que lhe há de custar o império? Nada de enigmas, ou de velados mistérios: urge que tudo reveles! Prometeu! Não me obrigues a trazer-te uma segunda mensagem. Não é pela revolta — tu bem o sabes! — que se alcança a complacência de Júpiter.

PROMETEU: Que discurso arrogante e soberbo! E como fica bem ao ministro dos deuses! Novos senhores de um novo império, vós acreditais habitar palácios inacessíveis às desgraças... Pois bem! Por acaso não vi eu caírem dois tiranos? Verei a queda do terceiro: será a mais rápida e a mais vergonhosa. Pensas porventura que me acovarde, e que me submeta a esses novos deuses? Longe disto estou, Mercúrio! Podes ir-te embora! Volta sem tardança ao lugar de onde vieste: nada mais saberás por mim.

MERCÚRIO: Eis o invencível orgulho que tantas desgraças já te causou!

PROMETEU: Sabe que eu não consentiria em trocar minha miséria por tua escravidão. Prefiro, sim! prefiro jazer acorrentado a este penedo, a ser o mensageiro e confidente de teu pai. Eis aí como podemos ferir àqueles que nos maltratam.

MERCÚRIO: Sem dúvida, estás, presentemente, numa situação deliciosa!

PROMETEU: Minhas delícias... ah! Por elas hão de passar meus inimigos, e tu em primeiro lugar!

MERCÚRIO: Oh! Porventura tu me atribuis a tua desgraça?

PROMETEU: Só tenho uma palavra: odeio a todos os deuses que, depois de receber meus benefícios, me ferem injustamente.

MERCÚRIO: Tens a razão conturbada, bem se vê; o mal é violento...

PROMETEU: Pois que ele se agrave ainda, se é um mal detestar seus inimigos!

MERCÚRIO: Como serias insuportável se dominasses um dia!...

PROMETEU: Ai de mim!

MERCÚRIO: Eis aí uma exclamação que Júpiter não conhece!

PROMETEU: Pois há de aprendê-la, com o tempo que tudo amadurece e transforma.

MERCÚRIO: No entanto, não te fez mais prudente, como deveria ter acontecido.

PROMETEU: Enganas-te! E a prova é que nada te revelarei, vil escravo!

MERCÚRIO: Nada dirás, então, do que meu pai te ordena?

PROMETEU: Devo-lhe tantos benefícios, que, como vês, tenho obrigação de retribuir!...

MERCÚRIO: Prometeu, tu zombas de mim e tratas-me como a uma criança!

PROMETEU: Por acaso não é uma infantilidade o pretenderes arrancar de mim uma revelação? Não há tormentos, nem artifícios que me forcem a elucidar esse mistério a Júpiter enquanto não forem rompidas as correntes que me prendem! Assim tenho dito! Agora, quando os cintilantes coriscos caem com estrondo, e os fogos subterrâneos se confundem com a neve que branqueia as alturas, revolucionando a natureza, nada me fará ceder, e eu não revelarei o nome daquele que o há de derrubar do trono.

MERCÚRIO: Dize, porém: de que te serve essa obstinação?

PROMETEU: Tudo já está por mim previsto: há muito tempo que esta minha resolução está tomada!

MERCÚRIO: Insensato! Por que não hás de aprender, ao cabo de tanta desgraça, a agir com sabedoria?

PROMETEU: Insistes em vão Mercúrio! Para tuas palavras sou surdo como uma onda. Não penses que, temendo os desígnios de

Júpiter, medroso como uma donzela, eu erga as mãos e implore a piedade àquele que é objeto de todo o meu rancor, para que me liberte destas cadeias. Disso bem longe estou.

MERCÚRIO: Vejo que meu apelo é inútil, e que meus conselhos não conseguiram convencer-te. Tal qual um cavalo indomável, não afeito ao jugo, mordes o freio e resistes... Mas teu redobrado furor nada vale, afinal. Nada mais impotente do que o orgulho dos insensatos. Visto que não logrei persuadir-te, pensa, ao menos, na tempestade de novas desgraças que hão de cair sobre ti. Júpiter, por meio de raios, espedaçará este rochedo escarpado; teu corpo permanecerá esmagado sobre os fragmentos da montanha. Ao cabo de longo tempo, reaparecerás um dia... Então, um abutre insaciável — o cão alado de Júpiter — virá arrancar de teu corpo enormes pedaços e — comensal não desejado — voltará todos os dias para se nutrir de teu fígado preto e sangrento. Desse tremendo suplício não esperes ver o fim, salvo se algum deus quiser ficar em teu lugar, a descer aos antros do invisível Plutão, nos redutos sombrios do Tártaro. Pensa, pois, eu te conjuro! — o que digo não é uma série de vãs ameaças; é uma sentença inapelável. A boca de Júpiter não mente nunca; o que ele diz realiza-se inexoravelmente. Pensa e pondera, Prometeu; a teimosia não vale tanto como a prudência.

O CORO: Mercúrio quer que abandones esse orgulho e adotes uma decisão sensata, ó Prometeu. O que ele diz, afigura-se-nos razoável... Crê! Para o sábio é uma vergonha perseverar no erro cometido.

PROMETEU: Eu já sabia tudo, tudo, o que ele acaba de me anunciar!... Que um inimigo sofra todo mal que lhe pode fazer o outro, nada mais natural. Pois que caiam sobre mim os raios fulminantes; que os ventos furiosos inflamem os céus; que a tempestade, agitando a terra em seus fundamentos, abale o mundo; que flagelos sem exemplo confundam as vagas do oceano com as estrelas da abóbada celeste; que Júpiter, usando seu invencível poder, precipite meu corpo nos abismos do Tártaro; faça ele o que fizer!... eu hei de viver!

MERCÚRIO: Palavras tais não são de um insensato? Que mais falta para esse delírio? Se a sorte o ajudasse, onde cessaria, jamais, o seu vesânico furor? Mas vós, ninfas do mar, vós que tendes pena da vítima de tantos horrores, afastai-vos destes sítios: o horrendo fragor do trovão pode abalar demais os vossos puros espíritos.

O CORO: Oh! Dá-nos conselhos a que possamos obedecer... Não nos podemos conformar com tão sinistros ditames. Queres, por acaso, arrastar-nos à ignomínia? Não! Nós partilharemos de tudo o que ele tiver de sofrer!... Detestamos a traição... de todos os vícios, é o que mais nos causa horror.

MERCÚRIO: Lembrai-vos, ao menos, do que vos preveni!... Se a calamidade que se aproxima vos atingir, não acuseis a sorte... nem digais que Júpiter vos feriu com imprevistos golpes de violência. De vós, tão somente, será a culpa... Fostes em tempo avisadas! Não será, pois, por falta de luzes, ou de tempo, que sereis imprudentemente arrastadas pela rede das desgraças.

(Sai MERCÚRIO.)

PROMETEU, O CORO.

PROMETEU: Com efeito, não foi uma ameaça, apenas: a terra põe-se a tremer... O soturno ronco já se faz ouvir... Turbilhões de poeira se erguem... todos os furacões desencadeados parece que estão contra mim! Contra mim, é que Júpiter desfecha tão horrendo cataclismo.

Ó minha augusta mãe: ó tu, divino éter que cercais o universo de luz eterna... vede que injustos tormentos me fazem sofrer!

A TRILOGIA DE ORESTES

Tradução de:
David Jardim Júnior

Prefácio de:
Assis Brasil

PREFÁCIO

A TRILOGIA DE ORESTES
(Agamenon, As Coéforas, As Eumênides)

ÉSQUILO

Os gregos eram amantes das artes, da literatura e principalmente do teatro, este representado em grandes áreas descobertas, cujos ingressos eram pagos e distribuídos pelo próprio governo. Um detalhe: as peças eram representadas pela madrugada, durante todo um dia, para nada menos do que vinte mil pessoas.

Como se preparando para ir ao Maracanãzinho ou ao Sambódromo, o grego, frequentador da Acrópole, levava também a sua comida, ervilhas temperadas com alho, salsichas, azeitonas e queijo — um alimento picante e cheio de odor. As temporadas teatrais eram curtas, dois dias no inverno e dois na primavera.

Com episódios concatenados, com história e personagens que dialogam, o teatro nasceu na Grécia, concordam os historiadores, embora apontem a existência, em outras nações, de poemas simplesmente dialogados, mas sem a força e a ação dramática das peças atenienses representadas na Acrópole.

Para situarmos esse espetáculo de beleza no tempo histórico, podemos assinalar o ano de 480 a.C., quando da eclosão da segunda guerra grecopérsica. É em torno desta data que os historiadores colocam o nome dos três dramaturgos trágicos, os mais notáveis de todos os tempos — é que os três tiveram alguma vinculação com a batalha naval de Salamina: Ésquilo, o mais velho, combate com vigor patriótico; Sófocles, curiosamente, faria parte de um coro de peça teatral que comemorava a vitória; e Eurípedes, que nasceu exatamente durante aquela batalha.

Influenciados diretamente pela guerra, eles são considerados os criadores da tragédia, momento dramático da condição humana em todos os tempos. E Ésquilo, o mais velho dos três, é nosso contemporâneo a mostrar que a violência só gera a violência, e que o homem pode se salvar pelo seu poder moral e poético, latente em todo ser humano.

Autor de pelo menos noventa peças, somente sete tragédias chegaram até nós. Ele nasceu em Elêusis, em Atenas, por volta de 525 a.C. Como era de família nobre, teve oportunidade de estudar e viajar por toda a Grécia e Sicília. Sua primeira peça, *As Suplicantes*, é de 499 a.C.. Mas as três peças que englobaria sob o título de *Trilogia de Orestes*, publicada no ano 458 a.C., são consideradas a raiz e origem da própria tragédia grega.

Vivendo em meio a guerras e tiranias, Ésquilo situa os sentimentos humanos do poder e do ódio, em destaque a vingança, que será discutida perante os deuses e os homens: será a vingança justa? Morto em Gela, na Sicília, no ano 456 a. C., o governo ateniense, mais pela elevação moral do que pela crítica política, estabelece que as tragédias de Ésquilo sejam representadas na Acrópole às expensas do Estado.

A *Trilogia de Orestes*, ou *Orestíada*, é uma longa história criminosa da casa de Atreus. Segundo o exegeta Philip Vellacott, nos tempos modernos, a trilogia esquiliana tem, com justiça, ocupado um lugar entre as maiores realizações da mente humana. Muita coisa da excitação dramática, da intensidade filosófica, talvez mesmo algo do seu esplendor poético, podem alcançar o leitor moderno, através de uma tradução. Uma história composta de fatos e imaginação, refletindo as experiências, crenças e afirmações de uma sociedade vigorosa, e contendo dentro de si mesma a poesia da vida comum e a visão do profeta.

A primeira das peças da trilogia é *Agamenon*. O personagem-título volta da guerra de Troia, após dez anos de ausência e vai encontrar uma esposa infiel e pronta a assassiná-lo, em vingança por Agamenon ter matado a própria filha, como sacrifício propiciatório para que tivesse bom desempenho na guerra.

Embora Agamenon esteja cheio de remorso, Clitenestra, a esposa, que já se vingara uma vez, sendo-lhe infiel, leva a cabo a segunda vingança, assassinando o marido, numa artimanha diabólica envolvendo um banho e um roupão. A história é cheia de fúria e sangue, em meio aos coros cantados que dão o contraponto sonoro e belo da tragédia humana. Clitenestra realiza uma verdadeira carnificina e exulta com isso.

Onde estão a verdade e a justiça? Esta pergunta é feita pelo coro da tragédia, para que um novo personagem, filho de Agamenon, assuma o primeiro plano e será ele próprio o personagem central da peça seguinte, *As Coéforas*. Ele vingará o pai assassinando a própria mãe, tema que se desenrolará em função daquela pergunta. A vingança será justa e verdadeira?

Em *As Coéforas*, vamos encontrar Clitenestra e Egisto governando Argos, tendo os dois esbanjado o tesouro que Agamenon trouxe de Troia. O povo está insatisfeito com a mulher e seu amante. Então aparece a filha de Agamenon, Electra, que tinha escondido o irmão Orestes, bem jovem, na casa de parentes, para que não convivesse com o crime e o adultério.

Electra, sempre se antagonizando com a mãe, espera que Orestes cresça, para realizar a vingança. Orestes tem atrás de si a profecia de um oráculo: ele terá de assassinar a própria mãe, está marcado pelo Destino, uma obsessão grega. Ele passa muito tempo com esse pesadelo na consciência.

Electra, tratada como escrava na própria casa, continua a estimular Orestes para a vingança. Toda ação e toda palavra deste personagem forte girará em torno desse tema. Ela aparece sempre inflexível, mas o irmão continua a vacilar. A curiosidade: o coro da peça, uma técnica da tragédia grega, é composto por escravas do palácio ligadas a Electra, e é este coro que a ajudará, como uma espécie de consciência maior.

O coro tanto estimula Electra a pedir aos deuses que favoreça as mortes de Egisto e Clitenestra, como incita o próprio Orestes a entrar em ação. Orestes continua atormentado e cheio de dúvida, mas tais sentimentos não existem em relação ao coro, que chega até a invocar o espírito de Agamenon e os poderes do mundo inferior.

A vingança de Orestes é consumada com requinte de maldade e lealdade a seu pai: com o roupão, última veste de Agamenon, ele cobre os cadáveres de Clitenestra e Egisto, e lembra para os servos do palácio o assassinato de seu pai.

Com tanta morte trágica e crimes no seio de uma família, é de se supor que haja uma verdadeira maldição caindo sobre a casa de Orestes. Então Ésquilo prepara a expiação dessa maldição, que será realizada na peça seguinte, quando os deuses vão interferir no destino dos homens.

Em *As Eumênides,* quando o homem atinge o desespero com tanta tragédia, Ésquilo mostra que o ser humano está num limite de sofrimento e somente forças sobrenaturais poderão acabar ou justificar tanto desespero.

No começo da peça aparece uma sacerdotisa invocando os deuses no templo de Apolo, em Delfos. Primeiro à frente do templo, depois em seu interior, quando a sacerdotisa começa a dar gritos terríveis. Sai do templo cambaleando, pois vira um assassino ensanguentado diante do altar e em torno dele as Fúrias. Elas irão julgar Orestes.

Também aparece Apolo como o indutor do assassinato de Clitenestra. Ele diz para as Fúrias que Orestes terá de ser julgado por Ateneia, em Atenas. A cena muda e aparece Orestes em busca de asilo no templo de Ateneia. Mas as Fúrias vão atrás dele e declaram, solenemente no templo, que têm como missão o castigo dos infratores. E acusam Orestes diante de Ateneia.

Então Ateneia resolve convocar os cidadãos mais sábios para formarem uma espécie de tribunal de justiça, e as Fúrias concordam com o julgamento. As Fúrias ainda fazem, por meio de um belo coro, uma advertência quanto à tolerância para com o crime. Dizem que o homem deve ter, além de um bom comportamento, um ótimo coração, e que deve se submeter à autoridade da justiça. Depois que chegam doze Anciãos atenienses, os sábios convocados, começa o julgamento de Orestes.

Apolo faz quatro discursos em defesa de sua posição e da posição de Orestes, mas as Fúrias, odiosas, não se convencem. Apolo é simplesmente suspeito como defensor e testemunha, e como instigador de matricídio não pode ser perdoado ou mesmo ouvido. Apolo, então, recorre a um estratagema: declara que tudo aconteceu por vontade de Zeus e que os juízes, os anciãos, devem considerar isso.

O chefe do coro faz um apelo para que os juízes julguem baseados na sua consciência e não por medo a Zeus, como sugeriu Apolo. Pesados os prós, em relação às Fúrias, e os contra, em relação aos juízes, há um empate diante do assassínio de Orestes.

Ateneia entra então em cena, reconhecendo que o caso de matricídio é muito complexo, muito tenebroso, para ser julgado por simples mortais humanos. E resolve dar o seu voto para desempatar o julgamento, absolvendo Orestes, pois ele próprio já sofrera muito com o seu ato abominável, submetendo-se à purificação de um ritual.

As Fúrias estão descontentes, mas Ateneia afirma que o julgamento foi imparcial e elas não saíram derrotadas. Então as Fúrias pronunciam bênçãos a todos em vez de maldições, e a violência está afastada, de vez, da casa de Orestes.

A *Trilogia de Orestes*, toda ela, é muito bonita e proveitosa para o leitor em relação aos sentimentos humanos, mesmo os mais sombrios e escondidos. As baixezas e grandezas dos seres humanos e sobrenaturais são mostradas através da beleza da arte, num clima poético raras vezes alcançado por um escritor.

Como muito bem disse Vellacott, o conhecimento de Ésquilo do sofrimento e da coragem humanos é o que torna a sua poesia tão verdadeira para nós como era para os atenienses, "pois em grande parte a verdade é necessariamente trágica, e a tragédia a maior das artes literárias".

— Assis Brasil

AGAMENON

PERSONAGENS

Um vigia

Coro
De doze Anciãos de Argos

Clitenestra
Esposa de Agamenon

Um arauto

Agamenon
Rei de Argos

Cassandra
Princesa de Troia

Egisto
Amante de Clitenestra, primo de Agamenon

Soldados
Acompanhando Agamenon; guardas acompanhando Egisto

É madrugada, pouco antes do amanhecer. No telhado do palácio de Egisto, um VIGIA de pé, ou se levantando de um pequeno colchão. Em frente do palácio há estátuas de Zeus, Apolo e Hermes, cada uma tendo um altar à sua frente.

VIGIA:
Aliviai-me, ó deuses, desta longa,
Fatigante vigília! Há doze meses
Vigio, como um cão, noite após noite,
Sozinho, aqui no alto do telhado
Do palácio de Atreu. Vejo as estrelas,
Resplendentes sinais, trazer consigo
Calor e frio sucessivamente,
E embelezarem o céu, enquanto embaixo
Eu as contemplo chegando e partindo.
No entanto, espero ver uma outra luz,
Nova estrela e arauto prometido,
A fogueira que deve nos trazer
De Troia uma palavra só: "Vitória!"
Será auspiciosa a Clitenestra,
Em cujo feminino coração
Uma vontade férrea e bem viril
Acalenta a esperança. E eis-me ainda
Pelo orvalho da noite bem molhado,
Insone caminhar de lado a lado,
Sem que sonhos me possam vir à mente.
Fica junto de mim, ó tu, temor,
A fim de que meus olhos não se fechem
Um instante sequer. Se eu cantarolo
— Pois a música alivia o coração —
Em vez de me alegrar eu me entristeço
Comparando o presente com o passado:
Lá se foi o esplendor dos velhos dias
Desta casa, que antes governava
O seu senhor legítimo. E sendo assim,
Que possam os deuses ser benevolentes
E me livrarem enfim destes percalços,

Acendendo a fogueira em noite escura
Trazendo-nos, afinal, feliz notícia.

A fogueira se acende.

Bem-vindo sejas, fogo, que transformas
A noite escura em dia glorioso!
Tenho a impressão de ver os habitantes
De Argos delirantes, pelas ruas
Comemorando a grande novidade.
Vamos, vamos! Chamemos Clitenestra.
A rainha há de logo levantar-se,
Como se ergue Aurora de seu leito,
E a fogueira saudar com piedosas
Palavras e com um grito de vitória,
Pois a cidade de Ílio agora é nossa,
A fogueira revela essa verdade!
Quero ser o primeiro a começar
A dança triunfal, pois dizer posso:
Os deuses abençoam o braço forte
De meu senhor Agamenon, enfim.
E também para mim essa fogueira
É muito grata, porque quer dizer
Que são e salvo volta Agamenon
Ao seu palácio. E quero sem demora
Recebê-lo com as honras que merece.
Quanto ao mais eu me calo. A minha língua
Está travada.[1] Esta própria casa.
Se as paredes falassem, poderia
Narrar os fatos verdadeiramente.
Quanto a mim, falo apenas para aqueles
Que me compreendem. Fora disso a porta
Do meu entendimento está fechada.

O Vigia desce. Começam a aparecer luzes no palácio. Vindo de dentro, ouve-se um grito de triunfo de Clitenestra, que é repetido por outras mulheres. Depois, sai do palácio um mensageiro que corre em direção à cidade; aparecem escravos que tomam várias direções, levando jarros de óleo e incenso, para o sacrifício. Depois entra Clitenestra, vinda do palácio, com duas escravas; espalha incenso nos altares e dirige uma prece a Zeus.
O dia começa a clarear. Da cidade chegam os ANCIÃOS DE ARGOS, *que ainda não veem* CLITENESTRA.

CORO:
Dez anos se passaram desde o dia
Em que de Atreu os filhos poderosos
Menelau e Agamenon, ambos honrados
Pelo poder de Zeus com trono e cetro,
Um milhar de navios equiparam
E tripularam com os heróis helenos,
Para as hostes de Príamo enfrentarem.
Então ouviu-se o seu clamor guerreiro,
Como os gritos das águias altaneiras,
Que voam sobre os píncaros dos montes
Furiosas ante os ninhos despojados,
Até que uma celeste divindade,
Zeus, Pã ou Apolo,[2] escuta lá do alto,
Seus gritos dolorosos, se apiedam
(Pois é o ar protegido pelo Céu)
E enviam veloz Fúria, que o ladrão
Persegue, até o castigo merecido.
Assim também contra o arrogante Páris
Os dois filhos de Atreu envia Zeus,
Para vingarem a sua falsidade,
E a falsidade da formosa Helena.
Então, a Grécia e Troia, as suas dívidas
Ambas pagam, com sangue e muito esforço,

Enquanto os pés se afundam na poeira
E os dardos voam, trespassando corpos,
As coisas são tal qual têm de ser.
Terminam por decreto do Destino,
Que ninguém pode revogar, ninguém.
Em vão, em vão, nos altares de Príamo
Se queima o incenso e as libações são feitas
Para os deuses e as deusas nas alturas:
Nem oferendas nem as chama puras
Podem aplacar a cólera divina.
Muito velhos já éramos então
Para poder participar da luta.
Empunhamos cajados e não lanças,
Nossa força é de infantes, não de homens,
E para trás assim fomos deixados.
A infância e a velhice se comparam:
A seiva dorme em ossos imaturos
E nos já ressecados. Na velhice,
Fracos como crianças que ainda mamam,
Andamos amparados, com três pernas,
E vagamos, perdidos, como sonhos
Desfeitos pela clara luz do dia.

Neste ponto, o CHEFE DO CORO *vê* CLITENESTRA.

O que ouviste, Rainha Clitenestra,
Filha de Tindareu? Dizer-nos podes
O que aconteceu, por que mandaste
Que se realizassem na cidade
Solenes sacrifícios? Tens notícias?
Os altares dos deuses que protegem
O nosso Estado, deuses das alturas
E poderes do mundo subterrâneo,
Veem igualmente todos seus altares

Carregados de fartas oferendas.
Chamas se erguem ao céu por toda a parte,
Suplicando que a cólera se torne
Em doçura, e nos ares espalhando
Perfumes das essências das mais ricas
Que de um paço real devem ter vindo!
Que quer isso dizer? Sê bondosa,
Rainha Clitenestra, e nos explica
O que é lícito ou podes explicar.
Elimina o temor que nos invade,
Que ora, como inimigo, chega perto,
Ora se afasta, como quando vimos
As chamas iluminarem esses altares,
E a esperança parece se mostrar.
Se há alguma promessa que consiga
Nos fazer esquecer do mal já feito,[3]
Tirar das nossas almas o nefasto
Pressentimento que nos atormenta.
Responde, por favor, e dá-nos calma.

CLITENESTRA *fica em silêncio e volta as costas para o* CORO, *que torna a se dirigir ao público:*
Irei contar, se quiserdes ouvir,
Toda a história a partir do seu começo
Esperançoso; o caso do portento
Que assombrou nossa brava juventude.
Já há dez anos, mas eu lá estava.
A graça do poeta, o ardor do canto,
Crescem com os anos, e eu ainda posso
A verdade falar, se benfazejos
Os deuses se mostrarem: contarei
Como aqueles dois reis, irmãos e gêmeos,
Filhos de nossa raça belicosa,

E chefes ambos de uma só empresa,
Foram estimulados — apontando
Mil lanças vingadoras para Troia —
Pela caça feroz de duas aves,
Duas águias reais que pareciam
Prometer grande êxito e fortuna
Aos reis da grande frota que partia.
Bem perto do palácio e para o lado
Do aposento do rei, as duas águias
Pousaram bem à vista; uma era fulva
A outra tinha a cauda toda branca.
E ali furiosamente despedaçaram
O corpo de uma lebre que se achava
Prenhe, e por isso mesmo engrandecida
Com o corpo do filhote, agora presa
Da morte no momento em que nascia.
Gemei, gemei: ó dor, ó dor, ó dor!
Deixai, contudo, o bem prevalecer!
O Vidente do exército[4] viu aquilo
E logo interpretou as duas águias
Que devoravam a lebre como sendo,
Pela coloração das suas penas,
De cores diferentes, a imagem
Dos dois filhos de Atreu, e no conselho
Assim anunciou: "O vosso exército
Acabará forçando o rei de Troia
A largar sua presa; os rebanhos
De ovelhas e de bois que os sacerdotes
Troianos vão matar em seus altares
De nada valerão, nem suas preces.
Troia desabará sobre eles todos.
Não esqueçais, contudo, de uma coisa:
Para vencer o orgulho dos Troianos,
Não deveis permitir, de modo algum,

Que a cólera dos deuses o caminho
Que trilhais obstrua em castigo.
Por todos adorada, a virgem Ártemis
Odeia mortalmente aquelas aves
Que costumam atacar as suas vítimas
Quando ainda bem jovens, indefesas,
Que se atrevem a violar (assim falou
Ainda o sacerdote) aqueles laços
De parentesco que convém honrar,
Ainda que se trate de um rito
Que em nome do céu seja cumprido.
Ficai bem certos: Ártemis detesta
Das águias o festim sanguinolento!
Gemei, gemei: ó dor; ó dor, ó dor!
Deixai, contudo, o bem prevalecer!
Falou ainda a boca do profeta:
"Bela filha de Zeus,5 eu te suplico,
Tu que amas os tenros filhotinhos
Dos ferozes leões, tu que proteges
As crias das raposas e dos ratos,
Das corças e das lebres, se algum dia
Graças à tua celestial ajuda
A esperança do bem florescer possa,
O sinal que hoje vimos abençoa!
Afasta todos os seus maus presságios
E favorece todas as promessas
Que ele encerra! Agora me dirijo
Ao poder de curar do grande Apolo,
Que sua Irmã não venha a planejar
Ventos contrários para a frota helena;
Que o seu ressentimento não deseje
Sangue para manchar um outro túmulo,
Vertido em sacrifício bem diverso
Daqueles que se fazem em regozijo.

Sangue que traz consigo muito ódio,
Sangue que acabaria destruindo
A sua própria fonte; um triste Fado
Contra a vida do homem guerreando;
Sangue que arrastaria em seu cortejo
Sangue afim e mais sangue finalmente,
E cólera feroz, não reprimida.
Envenenando a vida de uma casa
Com trevas. traições e desafios,
Em vingança por filha assassinada."
Assim Calchante, vendo o tal prodígio
Augurou da real casa o destino,
Anunciando a maldição fatal,
Esperando melhor assegurar
O temor do pior. Que nós também
Como um eco sonoro repitamos:
Gemei, gemei: ó dor, ó dor, ó dor!
Deixai, contudo, o bem prevalecer!
Que o bem prevaleça! Assim seja!
No entanto, o que é o bem? O que é ele?
Quem o nomeia falando a verdade?
Se aceitarmos o nome que os homens
Lhe atribuem, de Zeus, assim o chamo.
Tenho a mente perplexa, no entanto,
Porquanto longo tempo procurei
Uma esperança de conforto e ajuda;
Mas, seja como for, não posso achar
Outra crença capaz de aliviar
O temor que me afeta sem desculpa,
Nem outro nome que convide à fé
Posso também achar, salvo o de Zeus.
O primeiro dos deuses já se foi:
O velho Urano se desintegrou
Com violência e orgulho; e o seu nome

Não será conhecido no futuro
Nem sua dinastia, agora morta.
Cronos, que foi seu forte sucessor,
Também passou, três vezes derrubado
Por um poder mais forte do que o seu.
Zeus é senhor agora, e aquele que
Lealmente aceitar sua vitória,
Dentro do coração há de encontrar
A chave do segredo universal:
Zeus, cuja vontade é para o homem
A norma de conduta e do saber,
Determinou o plano universal:
O homem tem que sofrer para ser sábio.
Vencendo toda a sorte de empecilhos,
Por um caminho enevoado e triste,
O homem acaba se tornando sábio
Contra a própria vontade. As divindades
Impõem-nos seu amor bem rudemente.
E assim as coisas se passaram então.
O rei Agamenon, mortificado,
Não se atreveu a admitir o erro.
Pensou em sua grande frota helena
E orgulhoso zarpou contra o mau vento.
Seus guerreiros, apáticos, nas praias,
O vento maldiziam, enquanto os víveres
De dia para dia iam minguando.
Entediados os rochedos contemplavam
De Chalque ao longe e as ondulantes águas
Da baía de Áulis, e, enquanto isso,
Soprava, sem parar, o vento norte.
Apodreciam os cascos e as enxárcias
Das naus, e combatentes desertavam.
Dias de fume e angústia iam passando.
Murchava a flor da juventude grega.

Pela segunda vez, então, Calchante
Falou, anunciando: o vento norte
Por Ártemis foi mandado. E revelou
O remédio: pesado como o chumbo
Esmagadoramente o coração
Dos dois filhos de Atreu feriu sem dó.
Eles choraram, pois chorar deviam,
E o desalento lhes tirou das mãos
Os cetros, que caíram na poeira.
O mais velho dos reis falou então:
"O que posso dizer? Eu me abstendo,
A desgraça completa nos aguarda.
Se eu aceitar, porém, outra desgraça
Eu irei provocar, pior ainda.
Matar a minha filha, a alegria
Do meu lar, e com o sangue da inocente
Manchar as minhas mãos, e derramar
Meu próprio sangue! Ambas são desgraças!
Mas dispersar a frota e regressar
À casa, como um reles desertor?
Trair meus aliados? Não. O vento
Tem que mudar. Impõe-se o sacrifício.
Que se derrame o sangue da donzela.
Os deuses o exigem, e têm razão!
Que finalmente prevaleça o bem
E justifique o mal que faço agora!"
E ao Fatalismo se curvou então.[6]
Lavrou a tempestade em sua alma,
Transformou-se em blasfêmia a sua prece,
A sua oferenda em impiedade.
Veio depois o arrependimento
Tardio e demorado, logo após
Ter passado o acesso de loucura.
E o tributo pagou pelo seu erro.

Eis que a paixão infame e voluntária
À danação conduz sem dó os homens,
E do carro do Fado empurram as rodas
Que se movem, sem nunca se deterem
Até levarem ao trágico destino.
Assim Agamenon não quis fugir
E ofereceu a vida de sua filha
Em prol da guerra desencadeada
Pela infidelidade de uma esposa
E pagou o tributo pela frota
Retida pelos ventos malfazejos.
Desatentos às lágrimas da jovem,
Aos seus gritos de "Pai!" e aos tenros anos,
Prezaram muito mais os seus juízes
A sua própria glória e a sua guerra.
Recitou-se uma prece. O próprio pai
Ordena o sacrifício. Os assistentes
Do sacerdote a erguem sobre o altar
Como se tratasse de um cabrito.
O pai fala de novo. Uma mordaça
Um homem traz, e a boca da donzela
É amarrada com uma rude corda
A fim de que, em seu último momento,
Não gritasse, e seu grito não trouxesse
Contra a casa de Atreu a maldição.
Rudes mãos lhe arrancam da cintura
A faixa que segura as suas vestes,
Rola a seda no chão. Os lindos olhos
Da donzela procuram os matadores,
E vendo-lhe a beleza, todos eles
Ainda assim mostraram-se inclementes.
Mesmo vendo os seus olhos que imploravam
Que a deixassem falar, com a mesma voz
Que nos paços do pai, nos velhos dias,

Muitas vezes cantando era ouvida,
Melodiosa como os sons da flauta,
Honrando a libação junto do trono.
O restante eu não vi. Nem quero mais
Aqueles tristes fatos relembrar...
Mas de uma coisa sei: o que Calchante
Profetizou terá de ser cumprido.
Da Justiça a balança se equilibra.
E aquele que matou há de ser morto.
Adeus, agora, adeus, preságios!
O tempo mostrará. Não se altera
Aquilo que há de vir. O que importa,
Portanto, anunciar males futuros?
As coisas hão de vir como os profetas
As predisseram. E por enquanto
Que prevaleça o bem por toda a parte!
Eis, pois, a nossa prece, nós que estamos
Sozinhos nesta hora e que guardamos,
Em vez de Agamenon, a terra argiva.

Nasce o dia. A RAINHA se vira, olhando de frente para os ANCIÃOS.

CORO:
Obedecendo logo ao teu chamado,
Aqui viemos todos, Clitenestra.
O nosso rei e chefe está ausente,
O seu trono vazio. Assim devemos
Prestar obediência à sua esposa.
Acaso recebeste uma mensagem?
Os sacrifícios que se realizam
São de boas notícias o anúncio,
São graças pela vinda da esperança
Há tanto e tanto tempo acalentada?

Com respeito eu pergunto, e lealmente
Acolherei resposta ou silêncio.

CLITENESTRA:
Boas notícias, se o provérbio é certo,
Nascem juntas com o Sol, do ventre escuro
Da noite. Alegria mais completa
Podereis esperar. Os nossos homens
De Príamo a cidade conquistaram.

CORO:
O quê? Não ouvi bem! Não acredito!
Troia é nossa?

CLITENESTRA:
        Não foi isso que eu disse?

CORO:
Eu choro realmente de alegria!

CLITENESTRA:
As lágrimas mostram a tua lealdade.

CORO:
Tu tens provas seguras do que dizes?

CLITENESTRA:
Tenho, sim, a não ser que um deus brincando
Alguma peça tenha me pregado.

CORO:
Um deus? Tu acreditas em um sonho?

CLITENESTRA:
Pareço acaso estar sonhando à toa?

CORO:
Fias numa notícia inconfirmada?

CLITENESTRA:
Pensas que sou uma jovem leviana?

CORO:
Então, quando foi Troia conquistada?

CLITENESTRA:
Nesta própria noite que nos trouxe
Este Sol radioso que ora vemos.

CORO:
                Que mensagem
Poderia chegar de Troia?

CLITENESTRA:
                    O mensageiro
Deus do fogo foi. Uma fogueira
Foi acesa no Ida, outra mais longe,
E outra, e outra, sucessivamente,
Até a luz chegar a este palácio.
De Ida ao rochedo de Hermes, em Lenos;
Daquela ilha viajou a luz
Ao rochedo de Zeus, o Monte Atos,
Onde um terceiro fogo se acendeu
E o seu clarão atravessou as trevas,
E mais adiante ainda se acendeu
Gêmea torre de luz, essa apontando
Enviezado já o antigo curso.

E a faixa luminosa, o Mar Egeu
Atravessando pelo alto, foi
Se refletir depois lá nas alturas
De Maquisto, onde logo se acendeu
Nova fogueira, cuja chama viva
Foi avistada no Canal de Euripo,
De onde nova luz foi transmitida
Aos atentos vigias messapianos,
Os quais por sua vez nova fogueira
Acenderam, a qual foi avistada,
Brilhando como a Lua, na planície
De Asopo, após iluminando a rocha
De Ciataeron e indo despertar
Outro vigia, que levou adiante
O caminho de luzes pelos altos.
Alcançou em seguida o seu trajeto
O Lago Gorgopis, e em Egiplancto
Os bravos montanheses não pouparam
Lenha para atiçar um grande fogo.
E o rasto luminoso prosseguiu
Pelo Golfo Sarônico e alcançou
O alto Aracneu, perto de nós.
Dali até o átrida palácio
O fogo triunfante fulgurou,
E chegou até nós a luz do Ida.
Tal foi a marcha, Venerando Pais,
Pelos meus archoteiros conseguida,
Cabendo a todos eles a vitória.
Tais são, senhores, o sinal e a prova
Que tenho a oferecer: uma mensagem
Que me envia de Troia Agamenon.

CORO:
Ao céu vamos render graças, senhora,
No momento oportuno. Por enquanto
Almejamos ouvir de tua boca
Narrativa completa do sucesso
Relata a boa nova uma outra vez.

CLITENESTRA:
São senhores de Troia os gregos hoje!
Nas muralhas de Troia ouvem-se prantos
Aos quais não se unirão os nossos prantos.
Numa mesma vasilha, óleo e vinagre
Se misturam jamais. Nós e os Troianos
Destinos desiguais temos agora.
Tenho a impressão de ouvir ranger de dentes,
Gritos dos prisioneiros, dolorosos,
Gritos alegres dos que aprisionaram,
Triunfantes uns e os outros derrotados.
As mulheres Troianas debruçadas
Sobre os corpos de irmãos e de maridos,
Velhas chorando os filhos e os netos,
E sabendo que o pranto seu agora
É um pranto de escravas. Do outro lado
Os vencedores, que após combaterem
A noite toda, agora, satisfeitos
Caminham pelas ruas e saqueiam,
Cansados e famintos, ao mesmo tempo
Que o inimigo foge, protegido
Pelas trevas. Sem regras a seguir,
Em plena liberdade, os vencedores,
Com a sorte que couber a cada um,
Tomam posse das casas dos troianos.
Pela primeira vez, em tantos anos,
Livres do frio, livres do temor,

Em leitos limpos e macios dormem
Do anoitecer até o amanhecer.
Se na cidade ora conquistada,
Os seus deuses estão reverenciando,
Em vez de profanarem os santuários,
Evitarão assim os vencedores
Se tornarem vencidos de outra feita.
Oxalá a ambição de presa ilícita
Não tente com a cobiça os nossos homens.
Ainda resta o regresso para a pátria.
Que os deuses nos concedam vê-los salvos!
Se a frota navegar de volta livre
Da mancha do pecado, ao certo os deuses
Concederão aos nossos o descanso
Bem merecido. Que descansem aqueles
Aos quais a ira insone, provocada
Por morte ignorada, não espera
A surpresa incansável da vingança...[7]
Estas palavras são de uma mulher.
Que prevaleça o bem sem mais disputas.
Todos o vejam bem! A minha vida
Merece, na verdade, muitas bênçãos.
Eis chegado o momento de gozá-las.

CORO:
Tuas palavras são, rainha nossa,
Como as dos homens, sábias e corretas.
Agora que ouvimos de teus lábios
Uma prova fiel, irrefutável,
Vamos tratar de agradecer aos deuses,
Que por sua benévola ingerência,
Merecem a mais sincera devoção.

CLITENESTRA *entra no palácio.*

CORO:
Supremo deus dos deuses celestiais,
Zeus! E tu, noite amiga, cujas horas
Tantas glórias trouxeram para Argos!
Noite em que o destino fez cair
Por sobre os baluartes dos Troianos
Calamidade tal que nenhum ser
Pôde escapar, fosse pequeno ou grande,
Do aniquilamento! A mão de Zeus
Se fez sentir. E Zeus nós adoramos.
Zeus, cuja lei eterna temer devem
O hóspede e o hospedeiro. E que tão logo
Páris pecou, contra ele preparou
A seta de seu arco, e disparou-a,
Para ferir não tarde ou muito cedo,
Mas em dia marcado e inexorável.
"A mão de Zeus tirou, como devia,
Do seu lugar altivo, o orgulhoso!"
Podemos dizer isto, acompanhando
O gesto dessa mão, desde o começo.
Como Zeus o futuro pode ver,
Seu desejo será sempre cumprido.
Há quem afirme que desdenham os deuses
Castigar o devasso, o desalmado.
Ímpio que é! Pois a verdade mostra
Que o orgulho aqui paga a sua dívida
E aqueles que zombam do Direito,
Aqueles que confiam tão somente
Na força e na riqueza dos monarcas
Um destino cruel tomaram, é certo
O caminho do meio é preferível:
Não ser rico nem pobre; isto, contudo,
Por regra alguma sendo definido,
Ilude a mente instável, insegura,

Que o caminho seguro não encontra.
Depois não pode mais voltar atrás.[8]
Uma vez tendo o homem transgredido
Os ditames do bem e consentido
Que a sua riqueza e o seu orgulho
Profanem o santuário da Justiça,
Não terá esperança de esconder-se
Na penumbra em que antes se escondia.

Voltar atrás não pode. E o demônio
Da Tentação para a frente o espicaça
No caminho cruel da Perdição.
E então chegado ao fim, aniquilado,
Sempre fazendo o mal, desmascarado,
Vê pesar sobre si e sua estirpe
A maldição que cai sobre o pecado.
Surdos se mostram os deuses às suas preces.
Se a compaixão humana, por acaso,
Ilumina alguns olhos, o fulgor
Do respeito à Justiça é bem mais forte.
Assim iludido, condenado, Páris
Sentou-se à mesa do hospedeiro, e, em troca,
Seduziu-lhe a mulher, e assim ultraja
A casa de Atreu e a lei de Zeus.
Em Argos nos deixando rodeados
De lanças e de escudos, rodeados
De forjas e estaleiros, foi Helena
Levar à Troia lágrimas e sangue.
Mas aqui, em seu lar abandonado,
Lamentações se ouviam, relembrando
A ingrata que partira. Seu marido,
Sem comer, sem dormir, qual um fantasma
Percorre os aposentos do palácio,
Com o pensamento posto além dos mares,

Chorando de saudade, e não de ódio.
Um fantasma rondando pela casa,
Que um túmulo parece, e não palácio.
O corpo escultural de sua amada
Não lhe sai da memória um só momento.
Tem impressão de vê-la: corre em frente
Esperando abraçá-la... Em vão, em vão...
Desfaz-se logo o sonho. Em vão, em vão.
Enquanto dessa forma atormentado
No palácio real o rei sofria,
Nas casas e nas ruas da cidade
De Argos, mais lamentos, mais gemidos
De tormento e temor se ouvir faziam.
Enquanto concentravam-se os homens
Vindos de toda a Grécia, nos seu lares,
As esposas e mães choravam os filhos
E os maridos mandados à batalha.
A Guerra é um argentário, e a carne o ouro.
E nos campos de Troia, esse argentário
Vai colhendo seu ouro, que lhe entregam
As espadas e as lanças. Ele o pesa
Na sinistra balança das matanças,
E de regresso aos lares só devolve
Os detritos do ouro, uma poeira
Que as lágrimas dos vivos molharão.
O resto guardará em forte arca
Bem fechada e selada: o preço justo
Pago pelo homem que lhe foi mandado.
E aqueles que o mandaram enxugam os olhos
E o exaltam, dizendo: "Era um soldado!"
Ou: "Morreu nobremente, combatendo
Como um herói!" Mas seus parentes
Murmuram, receosos: "Sim, morreu
Pela esposa de um outro." E a tristeza

Estimula o rancor, que, porém, deve
Se esconder temeroso. Que os reis
Se vinguem de outros reis quando quiserem!
Junto às muralhas de Ílion, enquanto isso,
O sangue é derramado e cobre o solo.
A voz de uma nação que a ira inflama
É como maldição que mortalmente
Fere o culpado. Do perigo oculto
Quero ser informado, receando
Que o mau ceda lugar para o pior.
Quando o orgulho e o sucesso levam o homem
A se esquecer das leis da integridade,
As negras Fúrias afinal desfecham
Ataque que destroi seu poderio
E escurece o seu brilho, até que o abismo
Do esquecimento o tenha consumido.
Em alta fuma, por demais louvada,
Desmesurada fuma de um mortal,
Encontra-se o perigo; o fero raio
Lança Zeus contra os píncaros mais altos.
Prefiro, pois, riqueza moderada
Que não provoque inveja nem despeito,
Prefiro ter a vida e a liberdade
Em vez da guerra e a fúria do Destino.

*Ouvem-se vozes de mulheres e gritos de alegria. Um ou dois dos
ANCIÃOS saem e voltam imediatamente com as informações.
As manifestações seguintes são feitas separadamente por
vários membros do CORO.*

CORO:
Logo depois que o caso das fogueiras
Se tornou conhecido na cidade,
Lavrou a agitação por toda a parte.

Devemos mesmo acreditar no fato?
Não se trata de trama mentirosa?
Ideia pueril e fantasia!
Confiai a esperança em tal promessa
E haveis de ter desilusão profunda.
Bem crédulas são todas as mulheres
São todas facilmente persuadidas.
Largados pela boca das mulheres
Os rumores se espalham com presteza.
E talvez muito em breve se desmintam.

O CORO *se retira e há um intervalo, representando o período de vários dias.*[9] *Depois do intervalo, o* CORO *reaparece, mostrando grande excitação.*

CORO:
Vamos saber agora, dentro em pouco,
Se era mesmo verdade o tal desfile
De tochas no negror da madrugada,
De fogos transmissores de notícias,
Ou se fomos apenas envolvidos
Por esperança vã, sonho desfeito.
Olhai! Eis que um arauto se aproxima
Vindo da praia e usando na cabeça
A coroa de folhas de oliveira!
E há mais, há mais: uma coluna
De homens armados também se aproxima
Erguendo o pó do chão. Ora, esse arauto
Mudo não é, de certo, e nem virá
Acender uma pira, para assim
Anunciar que Troia foi queimada!
Ele vem confirmar nossa esperança
Ou — não permitam os deuses — desfazê-la.
Oxalá sejam boas as notícias!

E quem por Argos não implorar aos deuses
Há de pagar sua temeridade!

Entra um ARAUTO.

ARAUTO:
Argos! Querida terra dos meus pais!
Minha terra querida, após dez anos,
Hoje eu pude voltar! Todas as outras
Das nossas esperanças eram falsas,
Mas esta revelou-se verdadeira!
Eu já nem me atrevia a imaginar
Que pudesse morrer em minha terra
E nela para sempre descansar.
Abençoada sejas, minha Argos,
Bendita a luz do Sol, bendito Zeus,
Que protege este reino, e tu, Apolo,
Que nunca mais dispares contra nós
As setas do teu arco imorredouro!
Sê agora o que salva, o que protege
De uma vez para sempre, grande Apolo,
E não por duas vezes nossa morte.
E vós, todos os deuses da cidade,
Ouví a minha prece, e tu, Hermes,
Querido Guardião e Grande Arauto,
E que proteges todos os arautos,
E vós, e vós, heróis do tempo antigo,
Que nos abençoastes na partida,
Abençoai agora o que regressa
E que poupou a espada dos troianos!
Casa de reis! Muralhas bem amadas!
Augusto trono! E vós, divindades,
Que contemplais agora o sol nascente,[10]
Acolhei, jubilosos, o arquiteto

Real de tantos feitos gloriosos,
Que vieram adornar o antigo trono.
Para vós, para Argos, para todos
Os argivos, o grande Agamenon
Traz uma luz iluminando as trevas.
Vinde, pois, recebê-lo regiamente
Como convém àquele em cujas mãos
Pôs Zeus, o Vingador, a espada ultriz
Que demoliu de Troia as altas torres
E em seus campos sementes não deixou.
Com sua mão possante, o primogênito
De Atreu a vida de Ílio sufocou
E agora volta à pátria vitorioso,
Supremo vencedor entre os mortais.
Eis que nem Páris, nem a sua terra,
Que o protegeu e que pecou com ele,
Hão de vangloriar-se que seus feitos
Puderam superar o seu castigo.
Culpado de furtar traiçoeiramente,
Páris viu seus tesouros saqueados,
O trono e a casa de seu pai destruídos
E o seu povo pagar por seu pecado.

CORO:
Saúde, arauto dos soldados gregos!
À tua terra natal sejas bem-vindo!

ARAUTO:
Muito vos agradeço. Por dez anos
Aos deuses supliquei por minha vida.
Posso agora morrer tranquilamente.

CORO:
A lembrança de Argos te pungia?

ARAUTO:
Cruelmente pungia. Agora, no entanto,
Molha meu manto o pranto da alegria.

CORO:
Tem um lado feliz teu sofrimento.

ARAUTO:
O que quereis dizer?

CORO:
Não és feliz
Vendo tua ânsia e amor retribuídos?

ARAUTO:
Quereis dizer que Argos desejava
Também nosso regresso, como nós
Queríamos voltar?

CORO:
           Exatamente
Os nossos corações eram sombrios.
Todos vos esperavam, e mais que isso:
Era preciso a Argos vossa vinda.

ARAUTO:
O que vos ameaça? Um inimigo?
Vem da ausência do rei essa ameaça?

CORO:
Disseste há pouco, amigo, que a morte
Era bem-vinda. Os nossos corações
Sentem do mesmo modo o que tu sentes.[11]

ARAUTO:
Posso agora morrer, já terminada
A guerra, sim. Os fatos, na lembrança,
Se confundem e misturam. Relembrar
Certas coisas é bom, outras horrível.
Não somos deuses, não; eternamente
Não podemos viver. Por que, portanto,
Contar com uma ventura sem limites?
Pensar no que passamos! Se eu contasse
A lama e o sangue em que nos chafurdamos,
O suor que molhou nossos esforços
E as lágrimas que molharam as nossas dores,
Ou no mar, quando à noite, a tempestade
Rugia e o nosso barco sacudia,
Quando o cansaço e o sono nos pesavam
E numa tábua estreita, como cama,
Era impossível conciliar o sono!...
Depois dessa viagem fatigante,
Desembarcamos e foi só então
Que conhecemos mesmo o sofrimento.
Acampamos bem perto das muralhas,
Mas longe do conforto da cidade,
Ao frio, à chuva e ao sol expostos sempre.
Se eu descrevesse o inverno, quando os ventos
Glaciais vêm do Ida, e nas árvores
Sem folhas morrem as aves congeladas...
Ou se eu falasse do calor horrível,
Quando calmo, sem ondas, o Oceano
Dorme em seu leito tépido ao meio-dia...
Não é hora, porém, de lamentar.
Os que morreram lá estão tranquilos,
Sem precisarem obedecer às ordens...
E quanto aos vivos, para que sofrer
De novo, relembrando o que passou?

Para nós o que importa é o lar de novo,
E o que sofremos já não mais se conta.
O louvor merecido estas palavras
Dirão, à luz do Sol, com todo o orgulho:

O exército argivo triunfou na guerra
E à pátria transportou, por mar e terra,
Farta presa, tão rica quanto joia,
Arrebatada do esplendor de Troia
Para adornar os templos da serena
Mal altiva e triunfante raça helena.

Que Argos ouça esse canto e que receba
Com orgulho e louvor seu general.
Louvemos Zeus, que nos deu a vitória.
E nada mais tenho a dizer agora.

CORO:
Eu confesso que errei. E quem é velho
Mas disposto a aprender, ainda é moço.
Porém, agora a grande novidade
Será para o palácio, e sobretudo
Uma notícia grata a Clitenestra,
Cuja alegria nós compartilhamos.

CLITENESTRA *aparece à porta do palácio.*

CLITENESTRA:
Há muito tempo canto de alegria,
Saudando essa vitória, desde a noite
Em que veio nos ares a mensagem,
A ruína de Troia anunciando.
Mas não faltou alguém que me dissesse:
"Fogueiras! Acreditas em tal coisa?

Achas mesmo que Troia foi tomada?
Uma esperança vã, bem feminina!"
Tais palavras, é claro, eram ultrajantes.
No entanto, grata aos deuses, ordenei
Que sacrifícios fossem celebrados
E em todos os templos da cidade,
Pelo incenso das aras perfumados,
Não faltaram oferenda e sacrifício.
Ouvir já não preciso de teus lábios
As notícias que trazes, minuciosas.
Já as ouvi dizer o próprio rei.
Porém, agora, para receber,
Devida e prontamente, meu marido
— Eis que para uma esposa não há nada
De mais grato jamais que receber
O seu senhor que volta para o lar,
Salvo da guerra, por mercê dos deuses —
Para ele transmite esta mensagem:
Que venha sem demora; a nossa Argos
Ansiosa o espera; e no seu lar
Esposa tão fiel quanto a deixou,[12]
Um cão de guarda atento à sua porta;
Reconhecida à lealdade, e sempre
Para com inimigos implacável;
Em suma: sem mudar, de modo algum.
Não violei a fé nestes dez anos.
Do prazer que se tem com outros homens
Nada sei, e nem sei de outros escândalos.

CLITENESTRA *entra no palácio.*

ARAUTO:
Que estranha bazófia! E tanto mais
Estranha quanto cheia de verdade!

Não é escândalo expressar-se assim
Uma rainha?

CORO:
Estranho não é, não.
Seu estilo te faz equivocar.
Porém, interpretá-la nós sabemos.
Linda declaração, inatacável!
E agora, Arauto, fala-nos um pouco
De Menelau, monarca tão querido.
Ele voltou? Contigo viajou?
Chegou ao seu destino são e salvo?

ARAUTO:
Não podereis vos dar, ó meus amigos,
Essas boas notícias que pedis.
Não podeis por mais tempo acalentar
Uma ilusão.

CORO:
              A verdade se revela
Contra todo o esforço de ocultá-la,
Se propícia ou nefasta não importa.

ARAUTO:
Pois a verdade é esta: Menelau
Na viagem sumiu, com seu navio.

CORO:
Estás dizendo que ele viajou
De Troia ao mesmo tempo que partiste
E caiu sobre a frota tempestade
Que seu navio desviou da rota?

ARAUTO:
Exatamente. Assim, em três palavras
Resumiste uma era de agonia.

CORO:
Mas Menelau foi dado como morto?
Não teria talvez sobrevivido?

ARAUTO:
Isso eu não sei dizer. Ninguém conhece
O seu destino, exceto o Sol, talvez.
O Sol que ilumina a terra inteira
E a quem todos os seres devem a vida.

CORO:
Quereis dizer que, quando a tempestade,
A frota flagelou, foi satisfeita
A ira das celestes divindades?

ARAUTO:
Será direito um dia tão alegre
Entristecer, contando más notícias?
Quando um homem, com o rosto ensanguentado,
Narra o horror, as desgraças que provou,
Um exército aniquilado e destruído
Um Estado inteiro pelo horror da guerra,
Se tal tarefa fosse a minha, então
O cântico triunfal que eu ora entoo
Poderia convir, não resta dúvida.
Mas a minha mensagem é de vitória
Trazida a uma cidade jubilosa.
Como posso, portanto, contrapô-la
Com a tristeza, e falar da aliança
Que, com deuses irados, o Destino

Forjou, sem dó, sem pena, ferozmente,
Para nos perseguir e nos ferir?
Para grandes perigos infligir-nos,
A água e o fogo, velhos inimigos
Se uniram e juraram lealdade,
Para a matança dos heróis helenos.
E certa noite um vento malfazejo
Começou a soprar, vindo da Trácia,
Cada vez mais furioso; no alto, o céu
Parecia um pastor enlouquecido,
O seu próprio rebanho destruindo;
Navios se chocavam com navios
Como carneiros machos às marradas;
Montanhas de água o vento levantava
E fustigava a chuva que caía
Cada vez mais violenta. Amanheceu,
E quando o sol raiou, nós perguntamos:
As naves onde estão? O mar Egeu
Ainda encapelado se cobria
De destroços das naus e de cadáveres
Dos marinheiros e soldados gregos.
Nossa nau resistira. E prosseguimos.
Não foi mão de mortal que aquela noite
O leme manobrou do nosso barco.
Foi a mão de algum deus. Foi a divina
Intervenção que nos salvou da morte.
Espantados, molhados, ainda incrédulos
Da nossa própria sorte, navegamos
Pensando em nossa frota dispersada.
Outros também talvez estejam salvos
E pensem que fomos nós que perecemos.
Queiram os deuses assim, e Menelau
Possa chegar ao lar, onde é esperado
Mais que os outros até. E pela graça

De Zeus — não resolvido a exterminar
Esta casa até hoje — há esperança
Que Menelau esteja são e salvo
E volte à sua casa. E podeis crer
Que todas as palavras que eu vos disse
São a expressão perfeita da verdade.

O ARAUTO *sai, na direção de onde veio.*

CORO:
Quem foi, quem foi o incógnito vidente
Cuja voz, por acaso nomeou,
Mas, por instinto puro adivinhando
Aquilo que o destino decretara,
Ao escolher um nome de criança
Iniludivelmente vinculou
O símbolo à verdade, o nome ao fato,
Nomeou a criança que nascera —
No futuro mulher por quem os homens
Se mataram uns aos outros e morreram —
Helena, a Destruidora.[13] Em cujos lábios
Nasceu o nome trágico e fatal
De uma mulher capaz de encher o mar
Com destroços de naus e corpos de homens?
Capaz de aniquilar com a espada as almas,
E destruir com o fogo uma cidade?
E a cólera incansável e sinistra
A Troia revelou que as palavras
Às vezes podem ter duplo sentido
E que os *laços* conjugais coincidem
Com os *laços* que nos prendem ao sofrimento.[14]
Com alegria as núpcias reais
Foram então celebradas, e saudados
O príncipe e sua noiva. A alegria

Não durou muito tempo. E dentro em pouco
Por duplo ultraje se clamou vingança:
O lar poluído e o deus desafiado.[15]
Os cantos afogaram-se em lágrimas,
E Troia pôde ver que o príncipe Páris,
Antes louvor e orgulho da cidade,
Com a sua própria vergonha lhe trouxera
A ruína, a desgraça, o desespero:
Ele a sua culpa e ela o seu castigo.

Houve um pastor que resolveu criar
Em casa um leãozinho, tenra cria,
Que bebia com os tenros cordeirinhos
O mesmo leite, jovial, mansinho.
Manso enquanto era jovem. As crianças
O adoravam; o pastor, sorrindo,
O contemplava enternecido, e às vezes
O tomava nos braços, qual criança,
E o leãozinho lhe lambia as mãos.
Chegou, porém, o dia em que o leão
Mostrou a sua natureza,
E em paga da morada e do sustento
Um festim preparou. Lauto banquete
Brutal sanguinário. Não poupou
Nem ovelha nem gente, e a casa toda
De sangue se cobriu. Adulta, a fera
Cumpriu, fiel aos fados, a missão
De sacerdote da Destruição.

E assim, em Troia certa vez chegou
Alguém cuja beleza era sem par.
E que era sem par em graça e encanto,
Uma flor rara, que todos os homens
Desejavam colher, e que era doce

E mansa, sedutora, delicada,
Como se realmente uma flor fosse.
Tanta era a doçura, o seu encanto,
Que, contentes, de Troia os lares todos
Acolhiam a esposa foragida.
No entanto, era um demônio que enviara
O deus que cuida de hóspede e hospedeiro,
Cujas leis seu amante transgredira,
Para castigo da deslealdade
De Páris e também para castigo
Da arrogância e do orgulho da cidade.
Quando a Terra e o Tempo ainda eram jovens,
Já se dizia que a felicidade
Não costuma morrer sem deixar filhos.
Que, por lei natural, a boa sorte
Gera calamidade inexorável.
Essa crença eu rejeito, no entanto.
Não é a prosperidade que acarreta
O humano sofrimento, e sim a culpa.
As más ações engendram semelhantes,
É da essência do mal multiplicar-se.
As casas que são justas e corretas
Em palavras e ações, assim serão
Pelos anos a fora. E assim conservam
A riqueza e a nobreza de seus filhos.
Se o genitor, porém, deixar ao filho
A ganância, o orgulho, a insolência,
Seu filho a herança aceitará por certo.
Pode ficar por algum tempo oculto
O mal que nobre estirpe agora esconde,
Mas a Justiça acabará por fim
Iluminando as trevas protetoras,
Desvendando temor, remorso e crime
Que a riqueza e o poder por certo tempo

Ainda podem esconder, não para sempre.
Ao fim que ela colima há de guiar
Tanto o bem como o mal, por seus caminhos.

*Entra AGAMENON em seu carro de guerra, seguido por
outro carro, levando as presas de guerra e CASSANDRA.*

Rei! Herdeiro de Atreu! Vitorioso!
Como te saudaremos? Que diremos
Para mostrar a grande devoção
Que se aninha nos nossos corações,
Respeitando a verdade e a proporção,
Sem falta nem exagero em nosso afeto?
Muitos, de consciência não tranquila,
Apressam-se a mostrar, ruidosamente,
Falsas demonstrações de reverência.
Ó deuses, quanta gente, aborrecida
Realmente no fundo, mostra
Um sorriso forçado, e esconde o ódio
Por trás do seu fingido regozijo!
Um sensato pastor conhece bem
Por um simples olhar o seu rebanho,
E um sábio rei por um olhar distingue
Quem não passa de vil adulador,
Untuoso, solerte e mentiroso,
Imagem da lealdade não sentida.
Uma coisa jamais esconderemos:
Há dez anos atrás, quando partiste
Da Grécia para a guerra, em prol de Helena
Desfechada, em verdade te afastaste
Para longe da rota do bom senso.
Imprudente e enganado te julgamos,
Quando, para impedir que se abalasse
O moral de soldados ignorantes,

Recorreste a um cruento sacrifício
Para mudar o vento. Isso passou.
Voltaste ao lar vitorioso, agora.
De coração aberto, desejamos
Que tu sejas feliz. Tu mesmo, agora,
No momento oportuno poderás
Constatar quem foi falso ou foi leal.

AGAMENON:
A Argos e aos deuses da cidade
Quero, antes de tudo, os meus saudares
Dirigir, e render as minhas graças
Por ter aqui chegado são e salvo
Após justa vingança que infligi
A Príamo e a Troia. Compartilha
A mansão celestial a minha glória.
Ílion teve afinal de ser julgada.
Preces, súplicas sem fim tinham chegado
Aos ouvidos dos deuses celestiais.
Firmes, sem vacilarem, os imortais
Na urna da morte[16] os votos depositam,
E seguindo o seu sábio julgamento,
Em pó se tornam os muros da cidade,
E em mar de sangue afogam-se os troianos.
A urna do perdão só pôde ver
Uma certa esperança andar-lhe perto,
Mas passou, diluiu-se essa esperança.
A fumaça subindo para o céu
Marca a queda da Troia poderosa.
Ainda se veem as chamas crepitantes
Do sacrifício da destruição
E mesmo quando morrem, de sua cinza
O vento espalha no ar o forte incenso
Da riqueza e do luxo que morreram.

Pela vitória agora agradecemos
Todo o favor do céu. Fizemos Troia
Alto preço pagar pelo sequestro
De uma mulher helena. A fera argiva,
O leão que se mostra nos escudos
Dos soldados de Argos, na calada
Da noite, se lançou fora do ventre
Do cavalo e correu a saciar
Sua sede de sangue. E bebeu sangue,
Sangue nobre e real, até fartar-se.
Assim, presto homenagem plena aos deuses,
E no que tange à vossa advertência,
Sabei que não caiu em ouvidos moucos.
A vossa opinião é também minha.
Há pouca gente cujo afeto inato
Vence a inveja da prosperidade
Dos amigos. As garras do ciúme
O coração do fracassado prende,
Duplicando o próprio sofrimento:
Sofre porque não tem, e sofre ainda
Mais pelo que têm os conhecidos.
A vida me ensinou a observar
E a encarar como devo aqueles homens
Cujas demonstrações de afeto e estima
Não passam de uma sombra. Eu bem conheço
Essas demonstrações, por longa prática.
Um homem só, Ulisses, que viajou
Contrariado para Troia e a guerra
— Estará morto ou vivo, a uma hora destas? —
Somente ele, certa vez dispôs-se a
Compartilhar, de coração aberto,
Os meus encargos. Quanto aos negócios
Do nosso Estado e ao desamor temido,
Deliberamos convocar em breve

Os cidadãos, a fim de que, reunidos,
Discutam e deliberem, e seu conselho
Será ouvido e meditado. Se um corpo
É atacado por doença grave,
Não se pode hesitar, para curá-lo,
Fogo ou ferro empregar, se for preciso.
Agora, seguirei para o meu lar,
Em cujo altar irei manifestar
Minha profunda gratidão aos deuses,
Que a minha partida protegeram
E que agora protegem o meu regresso.
Que a vitória, meu guarda até agora,
A meu lado caminhe até o fim!

*Entra CLITENESTRA, acompanhada por JOVENS SERVAS,
que trazem um comprido pano de seda carmesim.*

CLITENESTRA:
Anciãos, cidadãos de Argos! Nesta hora,
Falarei, sem rebuços, sobre o amor
De uma mulher por seu marido. O tempo
Mata o retraimento. Vou dizer
Aquilo que aprendi comigo mesma
Nestes dez anos em que meu marido,
Longe de mim, passou, junto às muralhas
De Ílion; e aquilo que aprendi primeiro
Foi que, em verdade, é grande sofrimento
O de uma esposa solitária, e incerta
Quanto ao destino do marido. Sempre
Viajantes chegavam ao palácio,
Trazendo cada qual uma notícia
Mais alarmante. Se o meu rei tivesse
Sido ferido tantas vezes quanto
As notícias diziam, hoje o seu corpo

Retalhado estaria, de alto a baixo.
Ou se ele tivesse perecido
Todas as vezes que se anunciou
A sua morte, houvera superado
O próprio Gerionte, que, segundo
Se costuma dizer, morreu três vezes.
Quantas vezes senti o coração
Trespassado de dor com tais notícias!
Explicam esses temores, certamente,
Porque também não veio a nossa estirpe[17]
As boas-vindas dar ao pai querido.
Na Fócia, junto a Estrófio, comprovado
Amigo e protetor, se encontra Orestes,
Desse modo afastado de um perigo
Que de dois lados vem: primeiramente
A ameaça comum que vem de Troia,
E em segundo lugar a conspirata
Que em Argos se trama contra nós,
Gerada pelo instinto de pisar
Aquele que mandava e que caiu.
Tal foi se raciocínio, certamente
Bem livre de suspeita. Quanto a mim
Já derramei as lágrimas que tinha
A derramar. Meus olhos estão secos,
Mas ainda doloridos pelo pranto
Que nas noites de insônia derramei
Esperando por ti. E quando às vezes
Conseguia dormir, os pesadelos
Perturbavam-me o sono, com visões
De tua morte e do teu sofrimento.
Não há visão mais grata que a do abrigo
Depois da tempestade. E agora, após,
Tantos anos de medo e de perigo,
Acolho jubilosa, meu marido,

Um fiel cão de guarda de seu lar,
Da nossa nave âncora inquebrantável,
Coluna inquebrantável que sustenta
Este teto real. E tão querido
Quanto um filho esperado há longo tempo
Pelo pai, uma fonte borbulhante
Pelo exausto e sedento viajante
E o anúncio da terra é para aqueles
Que navegam no mar há muitos meses.
Este saudar eu trago, que é devido,
E o ciúme do céu nos poupe agora.
O nosso sofrimento foi bastante.

Querido esposo, vem, e desce agora
Do teu carro de guerra, mas não ponhas
Na suja terra estes dois pés que Troia
Esmagaram e pisaram. Avante, escravas,
Como já vos foi dito, estendei
Em seu caminho a seda purpurina.
Que a própria Justiça o conduza
Até o lar, que não contava ver
De novo. Quanto ao mais obedeçamos
O decreto dos deuses imortais.

As escravas de CLITENESTRA *estendem um tapete de pano carmesim do carro até a porta do palácio.*

AGAMENON:
Filha de Leda, do meu lar guardiã,
A minha ausência e o teu discurso têm
Uma coisa em comum: ambos são longos.
O louvor previamente preparado
De outros lábios deve ser ouvido.
Com tantas atenções não me seduzas,

Nem com tapetes raros me convides
A pisá-los, fazendo inveja aos deuses,
Por honra só devida aos imortais.
Sei que, sendo mortal, é perigoso
Sobre ricos tapetes caminhar.
Como homem apenas, não, porém,
Como um deus, devo ser reverenciado.
A homenagem à fama não precisa
De manifestações exageradas
E a dádiva melhor que o céu nos manda
É a mente bem livre da loucura,
E podemos chamar de afortunado
Quem encontra, em seu fim, morte tranquila.

CLITENESTRA:
É o mar — e quem jamais conseguirá
Exaurir esse mar? —, é o mar que gera
A púrpura, valiosa como a prata,
Um fluxo escuro que colore os panos
Mais finos e mais raros. À nossa casa,
Pelas graças do céu, ela não falta.
És um rei, e um rei rico e poderoso.
Prescreveram os oráculos que eu guardasse
Para serem pisados vinte panos,
Fosse qual fosse o seu valor, em troca
Do teu regresso, após tão longa ausência,
São e salvo eu tivesse conseguido.
Voltaste agora ao nosso lar querido,
E ao teu altar doméstico. A árvore
Com a raiz refrescada estende os ramos
Oferecendo sombra e proteção
Do calor da Canícula, mas quando
Zeus de sua uva verde faz o vinho,
Morre o calor, então, em toda a casa,

E entra a frialdade, como entra
Pela porta do passo o grande rei,
Perfeito, a receber o que é devido.

AGAMENON:
Já disse que entrarei modestamente.

CLITENESTRA:
Dize uma coisa, que não é contrária
À tua decisão.

AGAMENON:
    Estejas certa:
Em nada alterarei tal decisão.

CLITENESTRA:
Em perigo terias prometido
Aos deuses um tal ato?

AGAMENON:
    Certamente,
Se alguém de valor aconselhasse.

CLITENESTRA:
Supõe que Príamo houvesse triunfado.
Que atitude teria ele tomado?

AGAMENON:
Não posso duvidar: sobre o tapete
De púrpura teria caminhado.

CLITENESTRA:
Por que, então, recusas, receoso
Da censura dos homens?

AGAMENON:
        Por que, mesmo?
Contudo, a voz do povo é poderosa.

CLITENESTRA:
Os grandes vencem o ódio. Os invejáveis
Serão sempre invejados. Não te esqueças.

AGAMENON:
Não convém à mulher ser combativa.

CLITENESTRA:
Aceitar a derrota é também nobre.

AGAMENON:
Como? É uma batalha! O que darias
Para vencer essa batalha? Dize.

CLITENESTRA:
Tu és o vencedor: dá-me a vitória.

AGAMENON:
Já que assim resolveste.
(A um escravo)   Ajoelha
E me descalça. Afasta estes escravos
De couro que me seguem. Vou agora
Caminhar nessa púrpura trazida
Das entranhas do mar. Que deus algum
Invejoso me olhe lá de longe.
Ao decoro se ofende, certamente,
Atrever-me a pisar este tapete
Tão rico, sem que os pés sejam lavados.
Mas agora, outro assunto. Esta jovem
Ao palácio conduze-a e trata bem.

Os deuses premiarão o generoso
Conquistador. A escravidão é um jugo
Que voluntariamente não se aceita.[18]
E a jovem me foi dada de presente
Pelos meus combatentes, como a joia
Das riquezas de Troia a escolhida.
E, como fui vencido nesse assunto,
No palácio entrarei pisando a púrpura.

CLITENESTRA:
Eleleleleu!
(Um prolongado grito de triunfo, que o CORO aceita como uma formal celebração do regresso do vitorioso, ao passo que CASSANDRA compreende o seu verdadeiro sentido. AGAMENON caminha sozinho sobre o tapete de púrpura e entra no palácio).
Zeus poderoso, tu que realizas,
Torna real agora o que te imploro!

CLITENESTRA entra no palácio. O carro de AGAMENON é levado para fora de cena pelos serviçais. CASSANDRA continua sentada no outro carro.

CORO:
O que será esse insistente medo,
Que traz pressentimentos à minha alma,
Enquanto a confiança, que devia
Meu coração encher neste momento,
Se esvanece, deixando em seu lugar
Pensamentos sombrios, tenebrosos?
Antes houve outra vez, há muito tempo,
Em que senti no coração que algo
De extraordinário estava acontecendo.
Foi quando em Troia os nossos marinheiros
Com gritos jubilosos, as amarras

Cortaram dos navios que zarparam
De volta à nossa pátria. A alegria
Tomou meu coração em tal momento.
Adivinhei, então. Agora vejo
Com os meus olhos a frota que voltou.
Conhece o meu espírito de novo
Outro pressentimento. Por instinto
Que não sei explicar, sinto o futuro.
Mas hoje, em vez dos gritos jubilosos,
Tenho a impressão de ouvir um canto fúnebre.
Uma súplica, porém, envio aos deuses,
Possam o tempo e a verdade revelar
Que os temores são vãos! Possam ser falsos
Os meus pressentimentos e temores!
Quando murcham as flores da fortuna,
Logo se mostra o próximo invejoso
Pronto para invadir e saquear.
Ah! As horas da glória são mui breves!
E tudo que floresce há de murchar.
Audaciosa quando tem sucesso,
Zarpa a ambição por mares perigosos
Onde se ocultam rochas submersas
E naufraga, pagando a sua dívida.
Pode, porém, ser resgatada a dívida.
Quando, vinda da Trácia, a tempestade
Põe em perigo a nau do mercador
De prata carregada, o mercador,
Aos deuses ergue piedosas preces
E paga após o dízimo do resgate:
Atira a prata ao mar, salva o navio.
A casa que oferece aos imortais
O excesso de seus bens, não cairá.
Há de Zeus atender às suas preces,
Assegurando aos campos semeados

Chuva e sol que precisam em cada ano
Para fartas colheitas produzirem
E o fantasma da fome afugentarem.
Quando, porém, por mão do próprio homem
Na terra sangue humano é derramado,
Surge uma mancha escura e inapagável.
Quem, realmente, sabe encantamentos
Capazes de fazer viver um morto?
Zeus, em sua imortal sabedoria,
À magia pôs fim, que permitia
Aos mortos outra vida oferecer,
Para que os homicídios facilmente
Reparados também não convidassem
Os malvados à prática do crime.
Se eu não estivesse certo de que sempre
Os efeitos e as causas sempre cumprem
Sequência pelos deuses ordenada,
Não me atormentariam esses presságios
Que ora a minha alma sem descanso pungem.

CLITENESTRA *chega à porta do palácio.*

CLITENESTRA:
Tu, Cassandra, também. Estás me ouvindo?
Entra e agradece a Deus que este palácio
Hospitaleiramente te recebe.
Deves te colocar junto do altar
E com os outros escravos receberes
O ritual da purificação.
Desce, pois, desse carro, sem demora.
Não sejas orgulhosa; o próprio Héracles
Foi certa vez vendido como escravo,
Segundo conta antiga tradição.
Quando tal infortúnio se apresenta

E não há contra ele ajuda alguma,
Para o escravo será melhor servir
Uma casa opulenta; as menos ricas
São menos generosas e mais duras.
Aqui terás um digno tratamento:
O que é costumeiro e mais ainda.

CORO:
A ti, Cassandra, ela se dirigiu.
Ela espera. Não é bastante claro?
Por ordem do Destino estás cativa.
E só te cumpre obedecer. Acaso
Ousas desafiá-la?

CLITENESTRA:
        Se for louca
Não vai obedecer. Somente assim.
A não ser que não saiba a nossa língua.

CORO:
Agora vai. O que ela te oferece
Não pode ser melhor. Desce do carro
E entra no palácio, obediente.

CLITENESTRA:
Não vou perder mais tempo aqui ficando.
Já em nosso altar esperam as vítimas
Do sacrifício. Se o que eu disse agora
Compreendeste, entra sem demora.
Caso contrário, *(a um escravo)* como é estrangeira,
Faze com que ela entenda por sinais.

O escravo faz sinais a CASSANDRA *que entre no palácio.*

CORO:
Já se tornou bem claro de que a jovem
Precisa de um intérprete: parece
Um animal selvagem enjaulado.

CLITENESTRA:
Ela deve ser louca. Escuta apenas
Seus próprios pensamentos desvairados.
Não deixou arrasada a sua terra?
Ainda lhe falta o senso necessário
E aceitar o destino que lhe coube.
Não há tempo a perder. Que espere e veja.

CLITENESTRA *entra no palácio.*

CORO:
O que sinto é piedade, e não rancor.
Desce do carro, pobre jovem. Vem.
Acostuma-te à dura realidade.
Curva-te ao destino que cruel te esmaga.

CASSANDRA *desce do carro e vê a estátua de* APOLO.

CASSANDRA:
Apolo! Oh, não! Oh, não! Ó Terra! Apolo!

CORO:
Ela grita blasfêmias novamente,
Ao invocar Apolo, divindade
Que com a dor não pode misturar-se.

CASSANDRA:
Apolo, Apolo! Implacável Apolo,
Protetor das viagens, meu algoz!

Nessa longa viagem me trouxestes
Para segunda vez me destruíres!

CORO:
Inspirada ela está para falar
Sobre o seu próprio sofrimento. O dom
Da profecia que lhe fora dado
Acompanhou-a até na escravidão.

CASSANDRA:
Apolo, Apolo! Implacável Apolo,
Protetor das viagens, meu algoz!
Aonde me trouxeste? Qual é esta
Horripilante casa em que me encontro?

CORO:
Não revelou teu dom de profecia
Que é o palácio de Atreu? Então te informo.
E a verdade falarás agora.

CASSANDRA:
Não passa de uma casa que abomina
As divindades, e cujas paredes
São testemunhas de uma ação nefanda.
Uma casa que, atrás de suas portas,
Esconde o crime, e ossos de crianças
Assassinadas!

CORO:
                 Vai a profetisa
Guiada como um cão que o faro guia.
Segue uma pista que vai dar no sangue.

CASSANDRA:
No sangue, eu sei. No sangue derramado
De inocentes crianças, transformadas
Em alimento para o próprio pai!

CORO:
Bem conhecemos os seus dons proféticos.
Para o que acaba de dizer, no entanto,
Ser profetisa não precisaria.

CASSANDRA:
Ó vergonha! Conluio! Que vergonha!
Dominado pelo ódio um coração
Se emaranha nas tramas da traição
Prepara a execução de ato infame,
Quando somente o amor era exigido!
Como há de poder ele, desarmado
E surpreso, lutar contra o Destino?

CORO:
O que disse a princípio, compreendemos;
Comenta toda Argos sobre o caso.
No entanto, a segunda profecia
De modo algum eu posso interpretar.

CASSANDRA:
Maldição sobre ela! Ela fará
— E disso não se pode duvidar —
Com que o seu legítimo senhor
Se purifique do que fez na guerra.
Depois — como falar eu poderei? —
O ritual da purificação
Servirá para o seu sepultamento.

Mãos suplicantes se estenderão,
Por mão mais poderosa dominadas!

CORO:
Ainda não entendo coisa alguma.
Com entender tão vagas profecias?

CASSANDRA:
Olhai! Horror! Olhai! Que quer dizer
Essa nova visão que se apresenta?
Uma rede de caça, arma mortal,
E seu leito a que caça compartilha.
Avante, Fúrias! Vosso negro bando,
Encharcou-se com o sangue desta casa,
Mas não se saciou: quer mais ainda.
Ainda tendes sede. Vinde, pois,
E bebei esse sangue, até fartardes.

CORO:
Por que invocas monstros sanguinários?
Tuas faces são lívidas agora.
Os horrores que invocas te maltratam,
Tuas próprias palavras te sufocam!

CASSANDRA:
Socorro! Olhai, olhai! Um pesadelo!
Olhai! A vaca vai ferir o touro,
O monarca de chifres cor da noite!
Salvai-o, arrastai-o para fora!
A traiçoeira água, derramada
Nesse banho lustral, já se apresenta.
E fatal armadilha ela preparara
Semelhante a uma veste. Ela desfecha

Um golpe, e ele cai aniquilado.
Escutai o que digo: uma traição!

CORO:
Muito embora eu não tenha a pretensão
De entender de oráculos, é claro:
Suas palavras não auguram o bem.
A verdade, porém, é que jamais
Através dos oráculos ouvimos
Boas notícias. Sempre os profetas
Muito úteis julgaram as más notícias.
Em verdade o maior objetivo
De todo o seu prolixo saber
É fazer com que os homens se embasbaquem.

CASSANDRA:
Temor, temor de novo! Não só ele
Vai sofrer. Ao chorar o seu destino
Eu choro o meu também! Cruel Apolo,
Por que tu me trouxeste para cá?
Para que eu compartilhe, tão somente,
A morte a que ele condenado está!

CORO:
Está insana a pobre jovem, ou então
Possessa de algum deus, por isso só
Exclama esses lamentos dolorosos,
E ergue o seu desentoado canto,
Enquanto o inoportuno rouxinol
Alivia seu peito amargurado,
Ítis, Ítis[19] gemendo, e relembrando
Todo o mal, todo o erro que a envolveu.

CASSANDRA:
A sua provação foi mais cruel;
Por vontade dos deuses, no entanto,
Em penas transformaram-se as vestes
Que ela usava, em asas emplumadas,
E a própria queixa que ela eleva ao céu
É doce, melodiosa. Quanto a mim,
Tenho de ver a carne desprender-se
Sob os efeitos de afiado gume.

CORO:
De onde vêm tão sombrias previsões
Por um deus inspiradas, e, entretanto,
Carentes de sentido? E a sua voz,
Que parece estar vindo de um sepulcro,
Tão terríveis palavras pronuncia?
Que o caminho oracular traçou
Que tu, ó jovem, segues conturbada?

CASSANDRA *(deixando a veemente declamação de profecia e passando a uma tranquila e dolorosa lamentação)*:
Ó Páris e a sua paixão! Páris!
Um leito nupcial que trouxe a morte
Para a sua família e a sua pátria!
Doce rio Escamandro em cujas margens
Fui criada e cresci! Bem cedo, no entanto,
O Cócito e o Aqueronte[20] acompanharam
As minhas profecias, testemunhas
Da verdade de tudo quanto falo.

CORO:
O consórcio de Páris! Finalmente
Algo de claro para uma criança

Até. Mas seus temores murmurados
Escondem o que a vista não desvenda.

CASSANDRA:
Ílion e sua paixão! Toda a cidade
Incendiada e arrasada inteiramente!
Fogueiras que meu pai tinha acendido,
Um desafio erguido em suas torres!
Ó sangue derramado nos altares
Em sacrifício, sangue de animais
De todos os rebanhos do país!
Tantas propiciações não conseguiram
Da desgraça salvar os próprios filhos,
Como eu previra em minhas profecias.
E agora vou juntar-me a meus irmãos
E o chão em breve beberá meu sangue.

CORO:
Uma outra vez mais clara ela se torna.
Que deus tão inclemente, dize, pois,
Te faz dizer palavras dolorosas,
As sombrias profecias que eu procuro
E não posso, no entanto, compreender?

CASSANDRA:
Ouvi-me, então. Ouvi. De agora em diante
O que eu profetizar será bem claro,
E não envolto em véus. como pudica
Noiva às vezes costuma se esconder.
E hei de expor à luz, sem mais demora,
Crime pior que o meu assassinato.
Eu vos instruirei sem mais mistérios.
Antes ireis verificar, contudo,
Quanto corretamente sigo a pista

De sangue derramado há muito tempo.
Vive, sob este teto, noite e dia,
Um coro horrível, entoando sempre,
Um canto de sacrílega harmonia.
Embriagados, sim, de sangue humano,
Há fantasmas aqui neste palácio
Que ninguém poderá exorcismar.
Bebendo se reúnem esses demônios
E seus cantos entoam. Empurram antes
A loucura ao crime. E consumado
O crime, eles incitam o violador
Do tálamo do irmão! Estou errada
Ou a seta que lanço encontra o alvo?
Serei, acaso, mentirosa? Vinde
Testemunhar, jurar: a sombria história
Do palácio de Atreu conheço a fundo!

CORO:
De pouco valeria o mais sagrado
Juramento. Eu confesso, no entanto,
Admirar que, vinda de tão longe,
E falando idioma diferente,
Tu conheças tão bem como conheces
Do palácio de Atreu a triste história.

CASSANDRA:
O próprio Apolo, o deus da profecia,
Esse talento me outorgou.

CORO:
           Acaso,
Ele, apesar de deus, se apaixonou
Por teu corpo mortal?

CASSANDRA:
                    Exatamente.
De falar sobre isso, até agora
Senti-me envergonhada.

CORO:
                    Mais discretos
Somos nós todos na prosperidade.

CASSANDRA:
Mil protestos de amor ele me fez.

CORO:
Uniste a ele, e dele concebeste?

CASSANDRA:
Dei a minha palavra, mas quebrei-a.
Logo a Deus das Palavras.[21]

CORO:
    Já então
Possuías o dom das profecias?

CASSANDRA:
Eu já previra todos os detalhes
Da ruína de Troia.

CORO:
        Certamente.
O deus se enfureceu com o que fizeste?
Não te impôs um castigo, por acaso?

CASSANDRA:
Depois que violei meu juramento
No que predigo ninguém acredita.

CORO:
As tuas profecias para nós
Parecem todas muito verossímeis.

CASSANDRA:
Oh! Horror e pecado! Uma outra vez
A visão verdadeira. Sim, de horror
E de pecado essa visão sinistra
Que me atormenta. Olhai! Vede-as ali
Junto à muralha, semelhando imagens
Que se veem em um sonho. As criancinhas
Quais míseros cordeiros trucidados
Por seu próprio parente. O que carregam
Em suas mãos? O quê? Visão horrível!
É a própria carne: membros, corações
E as outras partes, que serão servidas
No banquete de horror ao próprio pai!
A vingança chegou para esse crime:
No palácio escondeu-se, qual regente,
Um covarde leão; trama, solerte,
Contra o senhor, que se ausentara em guerra.
O Leão General que destruíra
Troia, com mil blandícias recebido
De vil cadela que contra ele trama,
Não sabe o que a vingança lhe prepara.
Assim a fêmea matará o macho.
Que abominação pode ser essa?
Com que fera haverá comparação?
A um basilisco ou Sila monstruosa
Escondida entre as rochas e destruindo

Os homens e os navios? Ela sonha
Com ferro trespassar o corpo inerme
Do confiante marido. Não ouvistes
O antecipado grito de triunfo
Por ela disfarçado em alegria
Pelo regresso a salvo do marido?
Não acreditareis, sei muito bem,
Em tudo que eu disser, mas não importa:
O que tem de se dar há de se dar.
Cedo vereis com os vossos próprios olhos
E, tendo dó de mim, lamentareis
Que eram verdade as minhas profecias.

CORO:
Compreendemos o festim de Tiestes,
Quando a carne dos filhos foi servida.
Em todo o seu horror nós entendemos.
Quanto ao resto, porém, o seu sentido
Nos escapa e encontrá-lo não podemos.

CASSANDRA:
Diante de vossos olhos, eu vos digo,
Agamenon se mostrará já morto.

CORO:
Silêncio, desgraçada desterrada!
Ou dize, então, palavras auspiciosas!

CASSANDRA:
Palavra auspiciosa não existe
Que elimine o veneno da verdade.

CORO:
Nenhuma, é certo. Mas que os deuses velem.

CASSANDRA:
Orai, orai agora, enquanto outros
Para o assassinato se preparam.

CORO:
Quem pode, na verdade, ser a fonte
De tal horror, de tal pecado?

CASSANDRA:
    Quem?
Esqueceis o essencial da profecia.

CORO:
Como tramar tal crime? Não entendo.

CASSANDRA:
No entanto, falo em grego. E muito bem.

CORO:
Os oráculos de Delfos falam grego
Com toda a perfeição, e, no entanto,
É difícil aos gregos compreendê-los.

CASSANDRA:
Ai de mim! Ai de mim! Piedade, Apolo!
Ai de mim! Para onde fugirei?
A morte que me mandas é cruel!
Ela é uma leoa em forma humana,
Que, ausente o senhor, tramou com um lobo
E vai pôr fim à minha triste vida.
De que me valem a túnica que visto,
Esse cetro e a guirlanda oracular
Que trago em torno do pescoço? Antes
De morrer quero delas desfazer-me!

Ide, ide, com a minha maldição!
Para convosco a dívida assim pago!

(Pisa os objetos no chão.)

Ide tornar uma outra miserável!
E que Apolo veja e testemunhe
O que eu estou fazendo. Ele me viu
Certa vez, ostentando essas insígnias,
Ser desdenhada, vilipendiada
Por amigos e inimigos igualmente.
E agora Apolo, que me concedeu
Uma parte de sua presciência,
De Ílion me conduziu até aqui,
Até aqui o pórtico da morte,
Onde jamais anunciarei de novo
O futuro a incrédulos sandeus.
Onde não me esperava o lar paterno,
E sim me espera o altar do sacrifício,
Já com o sangue de vítima empapado.
Mas não vamos morrer ignorados
Pelos deuses do céu. Será vingada
A nossa causa por terceiro homem,
Que há de matar a própria mãe, honrando
O sangue derramado de seu pai.
Ele, agora no exílio, voltará
E bem no alto ficará na torre
De crimes que a família construiu.
Solene juramento, ante os deuses
Pronunciado, exigirá vingança
Pelo corpo do pai lançado ao pó.
Por que hei, então, de lamentar? Acaso
Sou assim desgraçada? Contemplei
O Destino traçando a sua rota.

Troia sofreu o que sofreu. Agora
O seu conquistador morre também
Por decreto do céu. Suportarei
A morte com coragem. Eu vos saúdo,
Portais do escuro mundo subterrâneo!
Suplicovos, deixai-me receber
Um só golpe mortal, e imóvel já
Sem convulsões me estenda, e feche os olhos.

CORO:
Mulher, douta em saber e em sofrimento.
Já nos disseste muito. Todavia,
Se prever podes tua própria morte,
Por que, pois, como um touro, ao altar
Do sacrifício, intrépida, caminhas?

CASSANDRA:
Quando a hora chegar, ninguém escapa.

CORO:
Quem adia, porém, ganha algum tempo.

CASSANDRA:
O meu dia chegou. Hei de enfrentá-lo.

CORO:
O destino e a coragem em ti se unem.

CASSANDRA:
Jamais ouve o feliz esse elogio.

CORO:
Entretanto, uma morte corajosa
Aos mortais assegura fama e lustre.

CASSANDRA:
Ó meu pai! Meus irmãos! Mortos ilustres!
Agora irei. Na terra dos vencidos
Chorar meu fim e o fim de Agamenon.

(Caminha em direção à porta, mas volta, dando um grito.)

CORO:
O que é! O que vês? Por que recuas?

CASSANDRA *arqueja, parecendo sufocada.*

CORO:
Agora arquejas. como se uma náusea
Te sacudisse até a própria alma.

CASSANDRA:
Há cheiro de assassínio. O sangue escorre
Pelas paredes todas.

CORO:
    O altar
Está disposto. É o odor do sacrifício.

CASSANDRA:
Parece mais o ar que vem de um túmulo.

CORO:
Tu te referes ao perfume sírio
Na cerimônia usado?

CASSANDRA:
    Eu não sou como
Uma ave assustada em bosquezinho

Amedrontada à toa. Ireis me ver
Conciliada com a morte, de mulher
Para mulher, quando em lugar daquele
Que profanou o matrimônio, um outro
Homem há de tombar assassinado.
Testemunhai, então, por mim, que todas
As minhas profecias se cumpriram.
Só isso antes de morrer vos peço.

CORO:
Morrer é muito triste, e ainda mais triste
Conhecer de antemão a morte certa.

CASSANDRA:
Mais algumas palavras, entretanto,
Palavras que serão de profecia,
Ou, se um canto fúnebre, não só
Apenas para mim. À luz do sol,
Que pela última vez me ilumina,
Eu quero suplicar: quando a lâmina
Da espada castigar quem me matou,
Possam os seus assassinos afinal
Morrer também a dívida pagando
Da que mataram inerme, irresistente.

Ah! o destino humano! As nossas horas
Felizes são a sombra de um sombra.
Vem depois o infortúnio e, sem demora,
Desfaz aquela sombra para sempre
E o próprio sofrimento pouco mais
É digno de piedade que a alegria.

Entra no palácio.

CORO:
Jamais o homem goza plenamente
O favor da fortuna. Enquanto uns
Despeitados invejam-lhe a ventura
E mil línguas exaltam-lhe a riqueza,
Ele quer mais ainda, e ainda mais.
Nosso rei, que a Fortuna abençoou,
Com ajuda dos deuses venceu Troia
E à pátria regressou cheio de glória.
Se agora tivéssemos de ver,
Por sangue derramado há muito tempo,
Correr seu próprio sangue em penitência,
E se os seus assassinos recebessem
Morte após morte, pelo Fado impostas,
Indagaria eu: que homem mortal
Pode jamais gozar tranquilidade
E não ter o seu nome conspurcado?

É ouvida a voz de AGAMENON, *vinda de dentro do palácio.*

AGAMENON:
Socorro! Estou ferido, assassinado,
Dentro deste palácio!

CORO:
      Estais ouvindo?
Conheceis essa voz? Pede socorro.

AGAMENON:
Socorro, eu peço! Outro golpe mortal!

CORO:
1. Esse gemido diz que o mal foi feito.
Foi o rei. Decidamos que fazer.

2. Acho que um arauto deve ser mandado
Os cidadãos armados convocar.
3. Atrasa muito. Entremos sem demora
E em flagrante apanhemos o assassino,
Antes que o sangue seque em sua espada.
4. Sou de teu parecer. Façamos isso
Ou algo semelhante. O tempo urge.
5. Ao que tal ato visa é evidente:
Os assassinos querem a tirania.
6. Sim. Enquanto ficamos conversando.
Mas a ação não espera o dorminhoco,
E atira ao pó a lenta precaução.
7. Não sei de plano algum que seja prático.
Quem já deu esse passo que dê outro.
8. O mesmo eu penso. Se está morto o rei,
Não vai ressuscitar com o que dissermos.
9. Quer dizer que devemos, servilmente
E pacientemente, nos curvarmos?
10. Não, de maneira alguma, antes a morte
Do que viver sob uma tirania!
11. Não nos precipitemos. Afinal
Que provas há, além desses gemidos?
Eles não provam que o rei foi morto.
12. Devemos ter certeza. É prematura
Toda esta agitação. Adivinhar
E ter certeza são bem diferentes.

CORO:
Tem apoio geral a decisão:
Tratemos de saber perfeitamente
O quê com o nosso rei aconteceu.

A porta do palácio se abre, deixando ver CLITENESTRA. *A seus pés jaz morto* AGAMENON, *em uma banheira de prata, envolto em volumoso roupão de púrpura. Sobre o seu corpo está o de* CASSANDRA, *também morta.*

CLITENESTRA:
Há pouco tempo atrás eu disse coisas
Oportunas então, agora venho
Desmenti-las, sem que isso me envergonhe.
Quando se trama a morte de um inimigo,
Que parece um amigo, é evidente
Que de outro modo seria impossível
Preparar a contento uma armadilha.
Por longo tempo planejei, paciente,
Essa prova de força, e finalmente
A batalha travei. Veio a vitória.
E agora, onde venci, eu me apresento.
É esta minha obra, e eu a proclamo.
Para impedir a fuga ou resistência,
Sobre ele lancei, como se lança
Sobre um peixe, uma rede: esse roupão,
Que o prendeu com suas dobras e seus laços.
Duas vezes feri. Por duas vezes
Ele pediu socorro, ele gritou
E, gemendo, afinal tombou inerme.
Feri-o, então, pela terceira vez,
E minhas preces elevei a Zeus,
A graça concedida agradecendo.
E ele, assim caído, vomitou
A vida pela boca, entre os arquejos,
E sangue e baba que saíram em jato
E salpicaram em mim gotas vermelhas,
Enquanto eu exultava, como exulta
Quem planta o trigo e vê cair as gotas
Da chuva que fecunda as sementeiras.
Tais são os fatos, Anciãos de Argos,

Escolhei: o pesar ou a alegria.
Eu estou jubilosa. E se é possível
Render graças aos deuses pelo fim
Da viagem feliz de um homem morto,
É aqui que a Justiça a tal obriga.
Este homem guardou em sua casa
Um vinho a tal ponto enriquecido
De malvadez, que teve, em seu regresso,
De esgotar sua taça até as fezes.

CORO:
Tua desfaçatez nos horroriza:
Tu te vanglorias de tal ato
Junto ao corpo do esposo assassinado!

CLITENESTRA:
Falais como se eu fosse imprevidente
E leviana, uma mulher qualquer.
Estais muito enganados. O meu pulso
Bate com força. E vou repetir
Aquilo que vos disse: podereis
Aprovar, censurar, que, para mim,
Tudo é a mesma coisa. Aqui está
Bem morto meu marido, Agamenon.
Da minha mão direita a sua morte
Foi obra, e obra justa e merecida.
Eis a simples verdade, incontestável.

CORO:
Mulher vil! Que bebida, que alimento
Desnaturado, que raiz maligna,
Te transformou a ponto de levar-te
A praticar o crime mais nefando?
Argos te execrará. Teu crime infame

Há de marcar-te com o desprezo e o ódio,
E dos muros de Argos expulsar-te.

CLITENESTRA:
Ora me castigais com o banimento,
Com maldições e o ódio da cidade.
E, no entanto, jamais vos opusestes
A este homem aqui, esse assassino,
Que tão tranquilo como se estivesse
Sacrificando um touro ou uma ovelha,
E dono de rebanhos numerosos,
Sacrificou, sem dó, a própria filha,
Minha querida filha, simplesmente
Para mudar de rumo o vento norte!
Ele, sim, deveria ser expulso,
De Argos, ele imundo, ele manchado
Com o sangue de uma filha, pai infame!
O que eu fiz, porém, é que voz choca,
E incita a vossa ira judicial!
As vossas ameaças, certamente,
Se baseiam na força. Tendes homens
E armas à vontade contra mim.
Se vencerdes, ditai as vossas regras.
Se, com favor dos deuses, vós perderdes,
Mesmo apesar de velhos ainda ireis
Aprender uma coisa: a ser sensatos.

CORO:
Sempre arrogante, blasonando o crime.
Tão certamente como as tuas vestes
Com o sangue do assassínio estão manchadas,
Tua cabeça há de cair sangrenta
Pagando a tua culpa. Chegará

O dia em que, sozinha, desonrada,
Com sangue pagarás o que tu deves.

CLITENESTRA:
É isso que dizeis? Ouvi, então,
Solene juramento que aqui faço:
Juro pela Justiça, guardiã
De minha filha morta e ora perfeita,
Por sua Fúria ultriz, a cujos pés
De Agamenon o sangue derramei:
Não tenho medo que seu vingador
Ameace esta casa, enquanto houver
A meu lado, o meu firme companheiro,
Egisto, aqui zelando pelo fogo
Da lareira ancestral. Enquanto isso
Aquele que amou cada Crisei[22]
Troiana e sua esposa desprezou
Jaz aqui, e com ele, prisioneira
Sua fiel vidente que com ele
Dormiu no mesmo leito e conheceu
A lascívia dos rudes marinheiros.
Bem mereceram os dois o mesmo fim.
Ele, como estais vendo. Ela, primeiro
Como se fosse um cisne moribundo,
Entoou o seu cântico de morte
E nos braços do amante jaz agora.

CORO:
Vinde vê-lo e chorai. Ei-lo estendido
Entregue ao sono eterno! Inerte agora
O fiel guardião do nosso Estado,
Que dez anos lutou, até vencer,
Em desafronta ao mal de uma mulher,
E à mão de uma mulher foi morto agora.

Apaixonada Helena! Derramaste
Sangue sem conta, junto das muralhas
De Troia, e outra vez a tua casa
Outra culpa assumiu que no futuro
Esquecida também jamais será.
Certamente, no dia em que fugiste,
Deixaste a maldição enraizada
Profundamente neste real paço.

CLITENESTRA:
É mesmo culpa assim inexorável?
Não volteis contra Helena a vossa ira,
Como se ela tivesse ordenado
O destino de tantos combatentes,
Por tantas mortes fosse responsável.

CORO:
Espírito odiento que lançaste
Sobre a estirpe de Tântalo maldição,
Foi teu poder que engendrou assim
Na mente de mulher arte sinistra.
Vejo alegria em tua forma odienta
De pé como um abutre na carniça.
Com esse canto execrável, tua voz
Afronta o nosso ouvido e o coração.

CLITENESTRA:
Agora falas mais sensatamente,
Referindo-te à Fúria de três fauces
Que odeia e persegue a nossa estirpe.
Ela carrega a sede de matanças
Estimulando lutas e vinganças,
Que vão se alimentando umas com as outras.

CORO:
Esse horrível poder cuja furiosa
Ira celebras, nunca se sacia
Com a ruína de casas principescas
E as mais negras e sórdidas desgraças.
Ó mistério sem par! Acaso Zeus
Não é nosso senhor? Ó Zeus, ó Zeus!
Não és a fonte e o criador de tudo?
Poderia existir tamanho horror
Sem a tua palavra soberana?
Triste, calado rei! Como chorar
Poderei tua morte lamentosa?
Como encontrar uma palavra exata,
Vinda do coração, para dizer
Toda a minha amizade e o meu respeito?
Aqui neste lugar onde morreste,
Vítima da falsidade de uma esposa,
Que com teia de aranha te envolveu.
Sacrílego descanso e fim ignóbil!
Um tal homem morrer como animal,
Trespassado por ferro de dois gumes!

CLITENESTRA:
O assassinato é meu, vosso o clamor.
Eu era sua esposa, mas agora
O meu nome do seu está liberto.
Encarnei o fantasma da vingança[23]
Hóspede daquele tenebroso Atreu,
Para vingar seu crime monstruoso,
E sangue derramei em pagamento
Do sangue de crianças derramado
No altar da Justiça.

CORO:
        E não tens culpa?
Talvez algum Poder ultriz esteja
Mesmo ao teu lado. Esse sangue, porém,
Que derramaste não será cobrado?
Quem te absolverá? O rei sombrio
Incitando a matança aumenta o curso
Desse rio vermelho, alimentando
Pelo ódio e o orgulho, sangue vindo
Das artérias de irmãos, até que um dia
Ares traga a Justiça, e tenha fim
Essa conflagração desnaturada.
Triste, calado rei! Como chorar
Poderei tua morte lamentosa?
Como encontrar uma palavra exata,
Vinda do coração, para dizer
Toda a minha amizade e o meu respeito?
Aqui neste lugar onde morreste,
Vítima da falsidade de uma esposa,
Que com teia de aranha te envolveu.
Sacrílego descanso e fim ignóbil!
Um tal homem morrer como animal,
Trespassado por ferro de dois gumes!

CLITENESTRA:
A manha que empreguei para matá-lo
Ele mesmo a usou primeiramente,
Ao desenraizar, astucioso,
A delicada planta que me dera,
E trouxe a maldição sobre esta casa.
Quando sobre a donzela, minha filha,
Sua selvagem lâmina desceu.
Correram como um rio minhas lágrimas.
Se agora pela lâmina igualmente

A sua idosa vida terminou,
Que a consciência e a vergonha determinem
Qual foi, na realidade, o seu valor.

CORO:
Onde está o Direito? O seu poder
A razão desafia muitas vezes.
Corre perigo o trono, uma desgraça
Ameaça a cidade e todos nós.
Para onde me voltar? Eu tenho medo
Dos trovões que abalam os alicerces
E das chuvas de sangue. A chuva leve
Fecunda sementeiras, todavia
O que nos ameaça é um dilúvio.
A Justiça, apoiada no Destino,
Vai abalar a terra novamente.
Ó terra, ó terra! Antes estivesse
Eu já dormido em teu regaço, há muito
Tempo, que vê-lo assim chegar tão baixo,
O senhor deste paço e deste reino!
Quem o sepultará? Quem sua morte
Lamentará? Quem há de prantear
O esposo que tu mesma assassinaste?
Quem lembrará agora a sua glória?
Que lágrimas sinceras molharão
No ritual do amor o seu sepulcro?

CLITENESTRA:
Isso é assunto que não interessa.
Eu o abati, eu lhe tirei a vida,
E a terra agora comerá seus ossos.
Pessoa alguma esmurrará o peito
Fingindo lamentar a sua morte
Nem o seu corpo ocupará sepulcro

De mármore e de bronze ornamentado.
Mas certamente a sua filha irá
Encontrá-lo no pórtico onde ficam
Os que saíram jovens desta vida.
A querida Ifigênia os ternos braços
Estenderá talvez para acolhê-lo,
Em silêncio, porém, porque a mordaça
A impede de falar, como quisera.

CORO:
A acusação à acusação responde.
Continua a verdade escurecida.
Ela matou o matador. Quem ousa
Matar paga com a morte a sua culpa.
Enquanto Zeus no céu seu trono ocupe
Este princípio valerá na terra:
"Aquele que matar tem de morrer."
Esta é a lei divina. Quem será
Capaz de exorcismar a maldição
Que sobre este palácio recaiu?

CLITENESTRA:
"Aquele que matar tem de morrer."
Até que enfim chegastes à verdade.
E agora aos Poderes que perseguem
A nossa estirpe um pacto proponho
Sob solene juramento: estou
Satisfeita de todo. Que esqueçam
O passado, e nos deixem para sempre,
Indo uma outra casa perseguir.
Eu não quero riquezas, para mim
O que já tenho basta. Quero apenas
A bênção da saúde merecer
Após a nossa longa enfermidade.

Entra EGISTO.

EGISTO:
Dia feliz, em que a Justiça vence!
Agora eu acredito que os deuses,
Das alturas celestes onde moram,
Veem os homens sofrer e os recompensam.
Aqui, preso na rede que teceram
As vingadoras Fúrias,[24] ele jaz,
Trazendo-me alegria ao coração.
E expia com o seu sangue aquele sangue
Que seu pai derramou em crime infame.

Os fatos foram assim: uma disputa
Surgiu entre Atreu, o rei de Argos,
E pai de Agamenon, agora morto,
E Tiestes, meu pai, o próprio irmão,
Por Atreu desterrado da cidade.
Ele voltou, porém, e, suplicante,
O irmão procurou em seu palácio
Para que perdoasse o seu desterro.
O que pedira conseguiu, porém,
Somente em parte: assim o próprio sangue
Não manchou o palácio onde passara
A sua infância, mas Atreu, o pai
Desse homem que ali jaz estendido,
A meu pai ofertou, como presente
De boas-vindas um festim soberbo,
Presente não do amor e sim do ódio;
Pois o banquete opíparo, ao irmão
Serviu a carne de seus próprios filhos.
Os pés e as mãos humanas escondeu
E o restante partiu em pedacinhos
E foi servida assim a carne humana.

Cada conviva teve a sua mesa
E aquele prato foi apresentado
A meu pai, que o provou, ignorante.
Depois reconheceu, em todo o horror,
O que havia feito. E, vomitando,
Caiu, horrorizado, maldizendo
A estirpe de Pélops, e com os pés
Lançando longe a mesa, ele gritou:
"Que para sempre desgraçada seja
Toda a casa de Tântalo maldita!"
E disso originou-se o que estais vendo.
Eu planejei a morte deste homem,
Como era justo. Eu fui o terceiro
Dos filhos de Tiestes, e, criancinha
Ainda muito tenra, acompanhei
O meu pai ao exílio, e só depois
De adulto a Justiça permitiu
Que eu à terra natal então voltasse.
De longe planejei toda essa trama
E finalmente a vítima apanhei.
Posso morrer agora. Estou contente,
Vendo que enfim o rei Agamenon
Foi justiçado como merecia.

CORO:
Nós relevamos teu insulto aos mortos.
Como afirmas, no entanto, que sozinho
Arquitestate inteiramente o plano,
E esse sangue assumiste, embora ausente,
Deves saber: tua vida está perdida,
Pois a Justiça te amaldiçoará
E mãos argivas te justiçarão.

EGISTO:
Que reis, assim, que venha do porão
Ao capitão da nave uma censura?
Nesse caso, eu vos digo simplesmente:
Já tão velhos, embora, aprendereis
Quanto é dura e penosa a disciplina
Quando à velhice falta a madureza.
As cadeias e a fome constituem
Para educar a mente um bom remédio.
Não ireis refletir diante disso?
Não convém murros dar no aguilhão,
Se não quiserdes machucar a mão.

CORO:
Ó tu, efeminado! Enquanto ele
Para a guerra partiu, ficaste em casa,
E ainda seduziste a sua esposa.
E contra aquele homem que lutava
À frente de um exército, tramavas!

EGISTO:
Quão lacrimosas são vossas palavras!
Mas diferentes são da voz de Orfeu.
Eu prendia a todos que o ouviam.
Vossas lamúrias pueris enfadam
E prenderão os mesmos que as soltam
Em correntes de ferro, se não fordes
Capazes de mostrar-vos mais amenos.

CORO:
Por acaso te julgas rei de Argos,
Tu que, tramando o crime, não tiveste
Sequer coragem de empunhar a espada?

EGISTO:
Atraí-lo à armadilha era em verdade
Trabalho de mulher. Velho inimigo
Naturalmente eu era suspeito.
Agora, com ajuda da riqueza
Que ele deixou, Argos governarei.
E quem recalcitrar será tratado
Não como o é um animal de luxo,
E sim com canga, e canga bem pesada.
A escuridão e a fome ajudarão
A tornar menos firme a resistência.

CORO:
Se és assim tão ousado, por que não
Enfrentaste tu mesmo o inimigo,
Em vez de uma mulher, que torna impura
A terra que pisamos e escarnece.
Os deuses de Argos, te ajudar na empresa?
Será que Orestes vive? Ó Fortuna,
Traze-o de novo ao lar para que use
Sua espada invencível contra os dois! ·

EGISTO:
Já que assim proclamais vossa traição,
Sabereis, sem demora, que é loucura
O governo insultar. Aqui, soldados!

(Entram correndo soldados armados.)

Para vós há trabalho. Cada homem
Desembainhe a espada.

CORO:
      Estamos prontos
A morrer.

EGISTO:
           O prenúncio aceitamos.
O Destino dispôs o nosso jogo!

CLITENESTRA:
Não, Egisto querido! A violência
Já foi suficiente. Quando a seara
Que plantamos chegar a ser ceifada
Muita dor haverá; não mergulhemos
Em sangue ainda mais, profundamente.
Eu vos peço, Anciãos: sabei curvar-vos
À força do Destino enquanto é tempo.
Para a casa voltai, e evitareis
Ser molestados. O que nós fizemos
Já estava de antemão determinado.
Se a nossa longa angústia aqui tiver
Um fim definitivo, nós, feridos
Pelo Fado cruel por duas vezes,
Nos daremos, assim, por satisfeitos.
Eu falo com o bom senso feminino
E espero que entendais. E tenho dito.

EGISTO:
Quer dizer que esses torpes linguarudos
Vão falar o que querem, sem provarem
O destino que tanto mereceram?

CORO:
Não hás de ver argivos rastejando
Aos pés de um desbocado.

EGISTO:
        É bastante.
Ajustaremos contas no futuro.

CORO:
Não, se o Destino colocar Orestes
No caminho de Argos.

EGISTO:
        A esperança
Que no exílio se pode acalentar
É comer e beber. Sei muito bem.

CORO:
Desafia a Justiça... enquanto podes.

EGISTO:
Bem caro hão de sair vossos insultos!

CORO:
Fanfarrão sem coragem! És um galo
Pavoneando em torno da galinha!

Enquanto diz os dois últimos versos, o CORO sai, em coluna por dois, desaparecendo o último homem com o último insulto, deixando CLITENESTRA e EGISTO sozinhos.

CLITENESTRA:
Esquece dessa corja. Nós dois juntos
Impor iremos reverência ao trono.

AS COÉFORAS OU AS PORTADORAS DE LIBAÇÕES

PERSONAGENS

Orestes
Filho de Agamenon, rei de Argos

Pílades
Seu amigo

Coro
de escravas de Clitenestra

Electra
Filha de Agamenon

Um escravo
De Clitenestra

Clitenestra
Viúva de Agamenon

Ama de Orestes

Egisto
Amante de Clitenestra

Escravo
De Egisto

O túmulo de Agamenon, fora das muralhas de Argos, é um montão de terra, perto da qual fica uma figura primitiva de Hermes. ORESTES *está perto do túmulo, e* PÍLADES *um pouco mais afastado. É de manhã bem cedo.*

ORESTES:
Hermes, guia das almas do que morrem
Para abaixo da terra, tu que és filho
De Zeus, Libertador, agora faze
O ofício de teu pai, e e liberta.
Acolhe a minha prece, e defende
A minha causa. À minha pátria há pouco
Regressei, após anos exilado,
E quero defender o meu direito.
Sobre este humilde túmulo, e antes
De entrar em ação, invoco, reverente,
O favor de meu pai, e seu acordo.

(Estende o braço, tendo na mão duas mechas de cabelo.)

De meus cabelos dois anéis oferto:
Este para Inaco, rio amigo
Que minha infância acompanhou; e este
Por minha dor e as lágrimas serôdias.
Eu não estava aqui, meu pai querido,
Para chorar teu corpo assassinado
Ou te apertar a mão quando caíste
Quem vem lá? O que é isso que estou vendo?
Mulheres carregando pretos mantos...
Que sentido tem isso? Novas mortes?
Mais lágrimas molhando a nossa casa?
Trazendo libações à sepultura
De meu pai para espíritos da morte
Apaziguar? É isto, e nada mais!
Eu vejo minha irmã, eu vejo Electra!
Electra mais triste do que as outras!
Ó grande Zeus, concede-me a vingança

Por morte de meu pai! Sê benfazejo
E combate a meu lado! Vem, ó Pílades,
Preciso ouvir a voz dessas mulheres,
E conhecer o que significa
O ritual. Vamos nos afastar.

ORESTES *e* PÍLADES *se colocam na sombra a um lado do palco, enquanto entram* ELECTRA *e o* CORO, *carregando malgas e urnas, que colocam no chão, em frente à sepultura.*

CORO:
Com oferendas ao morto aqui viemos,
Em procissão solene e lamentosa,
Sem que nos entreguemos, todavia,
A manifestações aparatosas
De dor, de desespero, de agonia.
(Novos sinais de muito sofrimento,
Que, muda e torturada, a minha mente,
Sem dizer a ninguém, há tanto sente.)
Na casa silenciosa, à meia-noite,
Ecoa uma voz clara e aterradora[1]
Que provoca arrepio a quem a ouve.
Voz partida do sono, e cada ouvido
Percebe o seu profético sentido,
Que no meio dos sonhos se introduz.
Vindo dos aposentos mais recônditos
Onde dormem as mulheres, o tal gemido
Fala como o Destino, se falasse,
E os homens que se dizem plenamente
Capazes de visões interpretar,
Pelo céu inspirado assim explicam:
"A indignação reina entre os mortos
E a vingança espera os que mataram!"
Fomos aqui mandadas por aquela

Mulher abominada pelos deuses
A fim de adorar-te, ó Mãe Terra,
E evitarmos o golpe do Destino,
Com piedosa blasfêmia, com as preces
De Clitenestra! Mas que ritual
Pode santificar o chão no qual
Foi derramado o sangue do homicídio?
Casa do sofrimento! Decadência
Estranha e vergonhosa, bem no rumo
Das trevas que ocultam a luz do Sol,
Da negra culpa, que o homem abomina,
Lembrando quantos crimes já mancharam
Sua estirpe real de sangue humano!
Houve um tempo em que um princípio acima
Se colocava dos demais princípios:
Pela casa real a reverência.
Cedeu lugar agora à reverência
Ao puro e simples medo. O sucesso
É hoje o deus dos homens, e em verdade,
Mais do que um deus. O pecador, embora,
Por longos anos possa se esconder,
Na sombra protegido, chega um dia
Em que a balança da Justiça oscila
E o Destino castiga sem mercê
O inimigo franco do Direito.
Lá onde a terra, nutriz paciente
Do homem, se cobrir de sangue humano,
Uma mancha se espalha, sombria, escura,
Clamando por vingança. E a maldição
Anos pode esperar, mas não se esquece,
Com fúria irrompe, enfim, com tanta força
Que empecilho algum pode detê-la.
Se se arrombar a porta da virtude,
Pôr-lhe trancas, depois, é impossível.

Do mesmo modo, nem a água toda
Dos rios todos lavará a mão
Que sangue humano derramou com dolo.
Mas, como o céu assim quer entregar
Minha pátria à ruína e me entregar
A uma vida de escravo e desterrado
Do meu solo natal, eu sou forçado
A dominar o ódio da minha alma
E a esconder as lágrimas que choro,
Vendo o império do mal justificado.

ELECTRA:
Vós que sempre servistes à real
Casa e que comigo aqui viestes
Aconselhai-me agora. O que dizer?
Olhai as piedosas oferendas.
De que maneira deverei honrar
O túmulo de meu pai? Devo dizer:
Aqui trago este vinho, oferecido
Por minha mãe e sua esposa, como
Penhor de mútuo amor? Eu não me atrevo.
Menos ainda sei o que dizer
Ao derramar o óleo consagrado
Na tumba de meu pai. A costumeira
"Abençoa aqueles que te mandam
Esta coroa"? E "perdoai seu crime"!
Ou em silêncio vergonhoso, irei
Desalterar a terra sequiosa,
A ânfora atirando para um lado
E logo após sair deste lugar,
Nem um olhar lançando para trás?
Compartilhai da minha decisão,
Como no lar compartilhais o ódio
Que serve de farol em nossas vidas.

Sede claras, sinceras, sem temerdes
Quem nós tememos. Os deuses conhecem
Nosso destino. E, livre ou escravas,
Nem eu, nem vós, podemos escapar.
E se melhor conselho podeis dar-me,
É agora o momento de dizê-lo.

CORO:
Junto a este sepulcro, para mim
Como um altar dos deuses tão sagrado,
De coração aberto falarei.

ELECTRA:
Fala, pois, sem receio, o que pretendes
E será testemunha este sepulcro.

CORO:
Ao derramar o vinho, uma solene
Prece recita por quem é leal.

ELECTRA:
Quem é leal?

CORO:
              Tu mesma, certamente,
E todo aquele que odiar Egisto.

ELECTRA:
Por mim mesma e por vós, então, eu devo
Fazer a minha prece?

CORO:
      Tu conheces
A verdade. Podes fazer a escolha.

ELECTRA:
Com que outro aliado nós contamos?

CORO:
Em tuas preces também cita Orestes,
Embora ele bem distante esteja.

ELECTRA:
Eis uma boa ideia, certamente.

CORO:
E uma prece também levanta aos deuses
Visando aos assassinos de teu pai.

ELECTRA:
O quê, em tal prece, poderei dizer?

CORO:
Que a justiça os alcance. A justiça
Ou do homem ou dos deuses imortais.

ELECTRA:
Mas julgar, condenar, ou se vingar?

CORO:
Dize apenas: "Que o sangue derramado
Seja por outro sangue compensado."

ELECTRA:
Não será uma prece aos deuses ímpia?

CORO:
Não. O mal pelo mal não é impiedade.

ELECTRA:
Hermes, arauto dos deuses, que conduzes
Os que morreram ao mundo subterrâneo,
Mediador supremo, eu te peço
Ajuda! Oh! Defende a minha causa,
Convoca as divindades que dominam
As entranhas da terra e que protegem
A nossa herança; invoca a própria Terra,
Que gera e cria os seres vivos todos,
E recebe do homem libações
Para que a sua prole multiplique,
Pede-lhes que acolham as minhas preces!
Agora, para o morto eu derramo
A água lustral e invoco o seu espírito:
Pai, tem piedade de mim, e de Orestes,
Teu próprio filho. Como poderemos
Nós ambos possuirmos nosso lar?
Não temos mais um lar, pois foi vendido
Por nossa mãe, e o preço foi Egisto,
Que te assassinou. Eu como escrava
Hoje vivo, e Orestes desterrado.
E eles, arrogantes e insolentes,
Gozam a riqueza que tu conquistastes.
Que um acaso feliz nos traga Orestes!
Oh! Escuta, responde à minha prece.
Quanto a mim, é tudo que desejo
Ter puro o coração e as mãos lavadas,
De minha própria mãe ser diferente.
Aos nossos inimigos, entretanto,
Que a vingança apareça brevemente.
Que quem matou prove o sabor da morte!
Essa esperança, sim, contra a esperança
Dos nossos inimigos anteponho.
A minha maldição a sua enfrenta,

E serei tão malvada quanto são.
Para nós sê gracioso, e nos envia,
De onde estás, a bênção que pedimos,
Dos deuses e da terra em nome, e em nome
Da vitória do Bem e do Direito.
Tais são as preces com que acompanho
As oferendas que aqui deixo, e, ao fim,
Um peã entoando para o morto.

CORO:
Pelo morto deixai correr as lágrimas;
Agora que se derramou o vinho,
Para afastar o mal que nos persegue
E proteger a vida dos leais
E a maldição sangrenta terminar,
Pelo morto deixai correr as lágrimas,
E o rei que perdemos lamentemos.
Atende as preces que ora te trazemos,
Ouve o clamor que o coração nos dita,
Nosso rei consagrado, Agamenon!
Tu, um homem tão forte, tão valente,
Que te alegravas com o fragor das armas,
Que, com a espada vingadora e o arco
À altura de um homem distendido,
Infligias a morte aos inimigos,
Vem, agora, vencer a maldição,
Redimir esta casa e castigar
Os assassinos que ainda estão impunes.

ELECTRA:
Bebeu a terra o vinho, e tem meu pai
As oferendas que lhe oferecemos.
Escutai, todavia... novidade!

(Muito excitada, ela pega o anel de cabelo de ORESTES.)

CORO:
O que é isto? O que é isto? Faz-me medo.

ELECTRA:
Um anel de cabelo aqui deixado
Como oferenda.

CORO:
                Mas de quem será?
De homem, de mulher?

ELECTRA:
                Vede. É evidente.

CORO:
Explica, tu que és mais experiente.

ELECTRA:
Ninguém de sua estirpe, a não ser eu
Poderia fazer esta oferenda.

CORO:
Outra pessoa tinha esse dever:
Aquela mesma que o assassinou.

ELECTRA:
Mas olhai: cor, forma e contextura
Todas iguais.

CORO:
        E o que significa
Na tua opinião essa igualdade?

ELECTRA:
Iguais aos meus cabelos!

CORO:
                Não seria
Oferenda de Orestes?

ELECTRA:
                      O cabelo
É realmente igual ao de meu irmão.

CORO:
Como ele, então, se atreveria a vir?

ELECTRA:
Ele mandou a mecha de cabelo
Como oferenda para nosso pai.

CORO:
Mandou? Queres dizer que Orestes
Jamais se atreveria a regressar
À pátria? Realmente é doloroso
E nos leva a chorar tão triste coisa.

ELECTRA:
Chorar? Não! É o ódio que domina
Meu coração! Mas realmente, não
Posso impedir que as lágrimas me desçam
Dos olhos. É bem claro. Nenhum súdito
Ostentaria esta real madeixa.
Os assassinos não fariam isso.
Minha mãe não faria, ela que os deuses
Blasfema e que profana o amor materno!
No entanto, não será mera esperança

Acreditar que Orestes, que me é caro
Mais que tudo no mundo, esta oferenda
Enviou a meu pai? Ah! Se pudesse
Falar esta madeixa, e transmitisse
Uma mensagem única que fosse
Capaz de apaziguar meu coração,
Ou, ao contrário, com meus pés pisá-la
Se foi de Clitenestra que ela veio!
Oh! Se meu irmão o triste ritual
Que ora executo acompanhar viesse!
Aos deuses imploramos que conheçam
As tormentas que em vida atravessamos.
Contudo, se há bonança no futuro,
De uma semente diminuta nasce
Uma árvore frondosa. Porém, vede
Estas pegadas! Uma outra prova!
Com os meus estes dois pés são parecidos!²
E há outras pegadas. Deve ser
Um companheiro seu. Quanto às primeiras,
Iguais os calcanhares, os tendões
Bem desenhados, o formato, tudo
Igual a mim. Meu coração palpita!

ORESTES *e* PÍLADES *se aproximam.*

ORESTES:
As tuas preces foram atendidas.

ELECTRA:
O que queres dizer?

ORESTES:
>	As tuas preces,
De tantos anos, foram atendidas.
Agora podes ver com os próprios olhos.

ELECTRA:
Conheces meus segredos? Dize, então,
No coração que nome tenho escrito?

ORESTES:
É Orestes o nome que ali guardas.

ELECTRA:
E que resposta, então, trazes a mim?

ORESTES:
Aqui estou. Agora não procures
Um parente mais próximo.

ELECTRA:
>	É alguma
Armadilha em que querem me apanhar.

ORESTES:
Se assim é, preparei uma armadilha
Para que eu mesmo seja aprisionado.

ELECTRA:
Zombar da minha dor...

ORESTES:
>	Zombar da minha...
As nossas duas dores são iguais.

ELECTRA:
Então eu devo te chamar de Orestes?
Será verdade?

ORESTES:
                    Quanto tu demoras
A me reconhecer, mesmo me vendo
Diante dos teus olhos! No entanto,
Quando viste a madeixa de cabelo,
O coração te palpitou. Dir-se-ia
Que me tivesses visto o próprio rosto.
Viste as minhas pegadas, comparaste
Com as tuas, teu irmão reconheceste!
Toma agora esta mecha de cabelo
E leve-a aqui, onde ela foi cortada.
Vê este pano, agora, que tu mesma
Teceste em teu tear. Sou teu irmão.

ELECTRA *olha para* ORESTES, *com uma expressão de alegria no rosto. Ele lhe aperta a mão, calorosamente.*

Não permitas, contudo, que a alegria
Afete a precaução que tens agora.
Eu bem sei que os parentes mais chegados
São os nossos piores inimigos.

CORO:
Querido príncipe, preciosa posse
Da casa de teu pai, nossa esperança
De salvação, de lágrimas banhado
Que por ti derramamos, vem agora
Reconquistar o trono de teu pai.

ELECTRA:
Querido, mui querido! Como quatro
O teu afeto vale para mim.
Representas meu pai, primeiramente;
E todo afeto que eu deveria
Nutrir por minha mãe, a qual odeio,
É também teu, como o quinhão
Que eu deveria dar a Ifigênia,
Nossa irmã, cruelmente eliminada.
És, finalmente, meu leal irmão,
E apenas o teu nome fraternal
Livrou a minha vida da desonra.
Oxalá ao teu lado estejam sempre
A Vitória, o Direito e Zeus supremo!

ORESTES:
Zeus, ó Zeus! Que não tires os teus olhos
De nós e do que vamos empreender.
Vê a estirpe da águia deserdada,
E a águia morta traiçoeiramente,
Presa nas roscas de cruel serpente.
Olha-me, Zeus, e olha também Electra,
Ambos órfãos, e ambos exilados.
Nosso pai venerou-te em sua vida
Com preces e incontáveis oferendas.
Se nos desamparares, onde irás
Encontrar quem te seja tão fiel
E assim tão liberal no sacrifício?
A ninhada da águia não permitas
Perecer, se ensina aos outros homens
O respeito às místicas verdades.
A nossa casa salva. Torna em força
A fraqueza de hoje, e que a glória
Deste sepulcro se erga, sobranceira!

CORO:
Falai baixo, vós, jovens salvadores
Do lar paterno. Alguém pode escutar
E levianamente revelar
Aos nossos governantes, que eu queria
Ver mortos, consumidos pelas chamas!

ORESTES:
A palavra de Apolo é poderosa
E não deve falhar. A sua voz
Insistente me manda desafiar
Esse perigo, e me ameaça ainda
Com os horrores que enfrentar teria
Se não levasse a cabo essa vingança
Sangue por sangue, contra os assassinos
De meu querido pai. Apolo ordena:
"Tu tens que derramar sangue por sangue.
Não pagaria os que os dois te devem
Toda a riqueza que no mundo existe."
Se a desobedecer eu me atrevesse,
Teria de morrer entre tormentos.
Passou, então, primeiro a revelar
Aquilo que convém fazer ao homem
Para a ira de espíritos da terra
Apaziguar. E depois ensinou-me
As desgraças terríveis que se espalham
Quando se faz sentir aquela ira:
Espalha a sarna que devora a carne
Até a forma humana destruir
E o fungo branco que no corpo cresce
Juntamente com a sarna. E disse, então,
Que o filho que não vinga o assassinato
Do próprio pai, coisas pior ainda
Há de sofrer; as Fúrias atacarem,

Selvagens, instigadas e atraídas
Pela herança maldita que carrega,
E, armadas com as setas da loucura,
Das trevas, do terror, dos pesadelos,
Persegui-lo, ferozes e implacáveis,
Imundas, imundando tudo aquilo
Em que ele tocar; não poderá
Compartilhar banquete ou libação.
Assim falou o oráculo. A cólera
Do invisível pai impedirá
Que do altar se aproxime a qualquer tempo.
Homem algum jamais há de acolhê-lo
Ou com ele dormir na mesma casa.
Zombado, desprezado, solitário
Chegará afinal a morte horrível.
Devo confiar em semelhante oráculo?
Mesmo que não, não poderei deixar
De cumprir o dever. Sou impelido
Por diversos motivos a um só fim:
Ordem do deus; a dor que me provoca
A perda de meu pai, e, juntamente,
A minha herança que me foi roubada
E a vergonha de ver os cidadãos
Da minha outrora gloriosa pátria
Pelo valor que triunfou em Troia,
De uma mulher vivendo como escravos,
De uma mulher e um homem efeminado!
Egisto! Homem ou mulher, efeminado,
Agora aprenderá sua lição.

ORESTES e ELECTRA *ficam de pé de cada lado do túmulo, e com o CORO começam um lamento formal, uma invocação ao espírito de AGAMENON.*

CORO:
Ouvi, agora, poderosas Parcas!
Recebei nossas preces, e enviai
Pelas mãos de Zeus, o nosso Pai,
Atendimento àquilo que pedimos,
Com esperança e fé, em nossa prece,
E que causa tão justa bem merece.
A Justiça reclama a sua dívida,
Clama bem alto a sua voz potente:
Palavra por palavra, ódio por ódio
E quem assassinou que seja morto
Também assassinado; eis que o preço
Do pecado é a morte, e o do orgulho
Que seja dominado e humilhado.

ORESTES:
Meu pai, querido pai, muito embora
Longe de ti como de polo a polo,
Poderei, por palavras ou por atos,
Consolar a tua alma com um raio
De luz, no leito escuro em que te encontras
Por toda a eternidade? Quando os filhos
Que aqui deixaste, últimos descendentes
De Atreu, cumprido houveram o ritual,
Embora morto poderás, meu pai,
As oferendas receber, sabendo
Que seu amor é forte e verdadeiro?

CORO:
Não é vencido o espírito do morto
Pela fúria do fogo; a sua ira
Ainda se faz sentir; é pranteado
O morto, e o assassino castigado,
Quando o nome do pai é pelos filhos

Chorado e cultuado com fervor,
E a Justiça aos culpados atormenta
Com o temor do castigo, noite e dia.

ELECTRA:
Ouve, Pai, este canto que retrata
A nossa dor e vela por teus filhos,
Que te lamentam, junto do teu túmulo,
Nesta terra que foi, por duas vezes,
Manchada pelo nosso duplo erro.
Por teus dois filhos, ambos suplicantes
E ambos exilados e proscritos.
Onde encontrarmos um que seja bom,
E não contaminado pela dor
Universal que o cerca, e que esperança
Para o infortúnio enfrentar nos resta?

CORO:
No entanto, destes males poderão,
Elevar-se, se os deuses o quiserem,
Vozes que entoem um hino de esperança.
Nossos tristes lamentos ainda podem
Ceder lugar a cantos de triunfo.
O salão de banquetes do palácio
Ressoará com risos e com brindes,
Para saudar o príncipe real.

ORESTES:
Antes, meu pai, tivesses sido morto
Junto aos muros de Troia, trespassado
Por uma lança lídia ou uma espada,
Deixando a sua casa enriquecida,
E enobrecida pela tua fama,
Os teus filhos honrados e queridos

Na cidade de Argos, enquanto longe,
Lá em terra estrangeira, o teu sepulcro
Imponente seria respeitado,
A homenagem de todos recebendo!

CORO:
Como uma nova estrela na penumbra
Do mundo subterrâneo, como amigo
Querido, recebido por aqueles
Que souberam morrer valentemente,
Deves reinar e ser reverenciado
Por outros reis, bem próximos do trono
Onde se senta, eterno, o soberano
Do vasto reino oculto sob a terra,
E que a desafiar ninguém se atreve.

ELECTRA:
Por que querer tal coisa? Por que haveria
Nosso pai de jazer junto ao Escamandro
Em túmulo perdido entre os outros
Que sem entrarem em Troia foram mortos?
Ao revés, por que não seus assassinos
Casualmente encontraram a morte,
Antes do crime horrendo perpetrarem?

CORO:
Um belo pensamento! Todavia,
Grande demais para que os deuses possam
Aos mortais conceder. O pensamento
É livre. Tem coragem, no entanto!
O cântico que entoas não será
Desprezado e da terra as divindades
A teu lado estarão. Os opressores

Hão de ser castigados. Os dois filhos
Vão à luta, gritando: "Venceremos!"

ORESTES:
Zeus da terra inferior, Zeus vingador,
Que te ergues, Zeus, lá do profundo inferno,
Para esmagar quem praticou o mal,
Conseguiu seu efeito o nosso grito?
Terá atravessado, como seta,
O escondido coração da terra?
Terá o igual feito nascer o igual,
O pai o filho, e o crime a vingança?

CORO:
Oxalá chegue o instante em que eu possa
Sobre o corpo da esposa assassinada,
Lançar meu alto grito de triunfo!
Por que eu tenho de esconder o ódio
Que ocupa o coração inteiramente,
Se a esperança que guardo e que acalento,
Esperança bendita de vingança,
Pelos deuses do céu foi inspirada?

ELECTRA:
Tremo agora com um novo desespero.
Seguramente a mão de Zeus não pode
Deixar de castigar quem é culpado
Uma vez que lhe cabe dirimir
As questões relativas aos direitos
Que cabem ao pai de um lado e à mãe de outro?
Ferindo simplesmente, Zeus revela
Seu julgamento aos olhos de nós todos!
Divindades da terra, ouvi-me! Ouvi-me,

Divindades da noite! Só vos peço:
Fazei que o mal ceda lugar ao bem!

CORO:
Coragem! Os deuses ordenam
Que o sangue derramado
Exige sangue também.
As Fúrias, que os mortos mandam,
Não perdoai, e o sofrimento
É pago com sofrimento.

ORESTES:
Quando meu ouvireis, ó majestades
Do mundo inferior? Vede a desgraça
Que nos aflige, Maldições Potentes!
Olhai para os finais remanescentes
Da estirpe de Atreu, desamparados
E exilados. Aonde iremos, Zeus?

CORO:
Ouvindo a vossa voz desesperada,
Meu próprio coração descompassado
Bate, e sem querer me vem à mente
Sombrio pressentimento, e um novo medo
Tolda todo o fulgor de uma esperança.
Quando, porém, a luz da confiança
Volta a resplandecer, vossa coragem
Desfaz de todo meus temores vãos.

ELECTRA:
Que devemos dizer para que o morto,
Em sua justa ira, se apresente?
O que, senão os males e a miséria
Que nossa própria mãe nos faz sofrer?

Ela que se acautele, ainda mesmo
Que nos tente agradar. O que ela fez
É coisa que jamais, jamais, se esquece.
Os filhotes de lobo, pela loba
Gerados e criados, são iguais
À loba. Ai de quem tratá-los bem!

CORO:
Como uma carpideira oriental,
Arrancando os cabelos e esmurrando
O peito, como a carpideira persa,
Assim também chorei Agamenon,
Quando ele tombou assassinado.

ELECTRA:
Ó mãe cruel de coração de pedra!
Em uma cova rasa o enterraste.
Um rei! Sem ritual, sem cerimônias,
Sem que fosse levado em procissão
Pelas ruas de luto da cidade.
Um esposo ficou abandonado,
Sem um pranto sequer, em cova humilde.

ORESTES:
Não apenas o esposo e o monarca
Foi ultrajado, mas também o pai.
Mas com a graça do céu e a minha própria
Solicitude, ela será punida.
E quando a sua vida terminar,
A minha pode ser arruinada.

CORO:
Isto também convém que tu conheças:
Seu corpo foi cortado, mutilado,[3]

E aquela que o tratou de tal maneira
O fez para o seu sangue ser um fardo
Esmagador pesando sobre ti,
A ideia de teu pai tão odiado
E tão escarnecido em sua morte.

ELECTRA:
E assim morreu meu pai; e eu, desprezada,
Repelida no lar, abandonada
E como um cão sarnento perseguida.
Escondendo meu pranto, derramando
As lágrimas de fel no isolamento.
Que isso em teu coração fique gravado,
Quando souberes quanto pode a dor.

CORO:
Possam os horrores que nós te contamos
Se cravar em teu peito, e o coração
Tornar inflexível e disposto
A cumprir a específica missão.

ORESTES:
Meu pai, teu próprio filho é que te invoca:
Fica a meu lado! Vem!

ELECTRA:
     Eu também peço.
Com as lágrimas que nunca se secaram!

CORO:
A uma só voz a prece repetimos:
Escuta a nossa voz, e ao nosso lado
Vem lutar contra os nossos inimigos!

ORESTES:
Se de armas precisarmos nesse transe,
O rei das armas lutará conosco.
Se for pela razão, ao nosso lado
Estará a celeste decisão.

ELECTRA:
Ó Deuses, escutai a nossa prece!
Julgai devidamente a nossa causa.

CORO:
Vacilo, sim, ao ouvir as vossas preces.
Tardou demasiado o fim prescrito.
Mas afinal a prece há de valer.

ORESTES:
A maldição de nossa casa! O sangue
Desnaturadamente derramado!

ELECTRA:
Horrível pena! Dor intolerável!

TODOS:
Quando esse sofrimento terá fim?

ORESTES:
Não há outro recurso, senão este
De curar o terrível ferimento
Que atormenta e dessangra a nossa estirpe.
Não podemos contar com ajuda alguma.
Somente a nós compete a solução.

ELECTRA:
Já que com sangue é que se lava o sangue
É com o mal que se apaga o mal.

TODOS:
Assim fizemos. Que ouçam a nossa prece
As divindades do subtérreo mundo.

CORO:
Deuses da sombra, ouvi-nos, concedei
O que pedimos. Ajudai o fraco
Contra a astúcia e a força do mais forte.
Estimulai as nossas esperanças
E assegurai sucesso aos nossos feitos.

ORESTES:
Meu rei, meu pai, que foste morto
Como monarca algum morrer devia,
Dá-me, eu te peço, o trono e este reino
Que por ordem do céu a ti couberam.

ELECTRA:
Olha as minhas angústias, meu estado,
Livra-me do labéu: "Vendida a Egisto"!

ORESTES:
Se nos salvares, pai, serão prescritas
Em tua honra rituais festivos.
De outro modo, quando a carne gorda
Nos altares dos templos for queimada
Só tu será privado do quinhão.

ELECTRA:
E, quando eu me casar, do rico dote
Libações generosas hão de ser
Em honra do teu nome derramadas.
E, antes de tudo mais, o teu sepulcro
Por todos nós será reverenciado.

ORESTES:
Manda, ó Terra, meu pai, para que possa
A minha espada comandar com honra.

ELECTRA:
Ó Rainha Perséfone, concede-nos
A vitória completa, gloriosa.

ORESTES:
Lembra, meu pai, o banho consagrado
Pelo teu próprio sangue maculado.

ELECTRA:
Lembra a veste maldita, a rede infame
Que tolheu os teus passos e os teus braços.

ORESTES:
Engenho não de ferro, mas de cordas,
A vil cilada contra ti, meu pai.

ELECTRA:
Para mais ultrajar-te, escondida
Em veste familiar e traiçoeira.

ORESTES:
Não te sentes irado, pai querido,
Com a notícia da tua acusação?

ELECTRA:
Não irás libertar-nos, pai querido?

ORESTES:
Não irás derrotar aqueles mesmos
Que uma crua derrota te impuseram?
Então, manda a Justiça sustentar
A nossa nobre causa, ou permitas
Que sejamos ferozes como foram
Aqueles que à traição te assassinaram.

ELECTRA:
Ouve, meu pai, meu último pedido.
Aqui no teu sepulcro nos contempla,
Tem piedade do sangue do teu sangue,
Carne da tua carne, homem, mulher,
Que podem a tua estirpe perpetuar.

ORESTES:
Da semente de Pélops nascemos,
Não deixes, pai, que essa semente morra.
Tu estás morto e, no entanto, vivo:
Em nós ainda poderás viver.

ELECTRA:
Do morto os filhos guardam a glória e a fama:
São tal qual a cortiça que sustenta
A rede de pescar por sobre a água
E sem a qual a rede acabaria
Presa ao fundo do mar e destruída.

ORESTES:
São por teu próprio bem as nossas súplicas.
Ouve-as, pois, e salva-te, meu pai.

CORO:
Já falastes bem claro, proclamando
Vosso dever, reverenciando o túmulo
Até então abandonado. Agora
Cumpre encetar a ação sem mais demora.
Agi! Provai que o céu está convosco.

ORESTES:
É o que farei. Mas não será ocioso
Ou então protelatório perguntar
O que a terá levado a ordenar
As libações. Por que terá tão tarde
O escrúpulo por um erro sem remédio?
Não se pode saber. De qualquer modo
Que irrisória oferenda por tal crime!
A expiação de um único homicídio
Não se consegue, dizem, nem se um homem
Toda a sua fortuna oferecesse.
Dizei-me, se sabeis, porque foi isso.

CORO:
Posso dizer, meu filho. Eu lá estava.
Foram os sonhos, terríveis pesadelos.
Aquela mulher ímpia apavoraram
E a fizeram enviar as oferendas.

ORESTES:
Perguntaste qual foi o pesadelo?
Podes me descrevê-lo claramente?

CORO:
Ela própria nos disse. Ela sonhou
Que tinha dado à luz uma serpente.

ORESTES:
E depois o que houve? Isso foi tudo?

CORO:
Ela tomou a cobra nos seus braços
E a embalou como se um filho fosse.

ORESTES:
Certamente esse monstro recém-nato
Necessitava de alimento. E então?

CORO:
Para mamar ela lhe deu seu seio.

ORESTES:
E, por acaso o seio não feriram
Os dentes afiados da serpente?

CORO:
Sugou sangue com leite a criatura.

ORESTES:
Certamente esse sonho foi mandado
Por seu marido morto, Agamenon.

CORO:
Ela gritou em seu sonho e acordou
Tremendo toda, da cabeça aos pés.
Muitas luzes, então, por todo o paço
Se acenderam visando a sossegá-la
E ela logo ordenou que libações
Fossem feitas, na inútil tentativa
De purgar o defeito em sua fonte.

ORESTES:
A esta mesma terra que esconde
Os ossos de meu pai, então suplico
Que a significação daquele sonho
Seja por mim cumprida, pois assim
Aquele pesadelo eu interpreto:
Se aquela cobra veio de onde eu vim,
Mamou o mesmo leite que mamei,
E se tal leite misturou com sangue,
Fazendo-a dar um grito de pavor,
Tudo isso quer dizer que essa mulher
Que gerou e criou tão feio monstro,
Deve ter e terá morte violenta.
É mister, pois, que a minha natureza
Seja mudada, e em víbora eu me torne!
É o sonho que o ordena! O assassino
Tenho de ser dessa mulher por força.

CORO:
Interpretaste bem esses sinais.
Estamos a teu lado. A cada uma
De nós podes ditar o que fazer.

ORESTES:
É muito simples. Deves, minha irmã,
No palácio entrar e eliminar
Qualquer desconfiança do meu plano.
À traição meu pai perdeu a vida.
Seus assassinos pagarão, afirmo,
O mesmo preço pelo que fizeram:
Traiçoeira armadilha os prenderá,
Como profetizou o deus Apolo,
Que jamais falha em suas predições.
Eis agora o meu plano. Disfarçado

De mercador, e sempre acompanhado
Por meu amigo Pílades, eu chego
À porta do palácio. Falaremos
Com sotaque estrangeiro, parecendo
Termos ambos na Fócida nascido.
Os porteiros talvez nos olhem mal,
Dizendo estar a casa atormentada
Por sobrenaturais temores. Nós
Esperaremos sem protesto, enquanto
Os que passarem hão de comentar:
"Por que Egisto deixa os suplicantes
Esperando do lado de fora? Ele se encontra
No palácio e conhece o que se passa."
Mas seja como for, quando eu puser
Meus pés dentro da porta do palácio,
Vendo, no trono de meu pai, Egisto,
Ou ele encontrar-me face a face,
Ele morto estará, em um momento,
Sem poder perguntar: "Que homem é este?"
Antecipadamente a minha espada
Responderá a tal indagação.
O fantasma do mal que, no passado,
Se saciou de sangue duas vezes,
Hoje a terceira taça beberá.
Tua tarefa, minha irmã, consiste
Em vigiar, cautelosa, o interior,
A fim de que se ajustem as partes todas.
Vós, mulheres, prudentes e discretas
Devereis vos mostrar, falando apenas
No oportuno momento de falar.
Quanto ao mais, ao deus Hermes eu suplico:
Protege-me, dirige-me, abençoe-me.

Saem ORESTES, PÍLADES *e* ELECTRA.

CORO:
Em incontáveis formas o temor
Prolifera na terra. E as profundezas
Do mar escondem monstros pavorosos
Que atormentam os humanos. E lá do céu
Desce o raio que fere aves e bestas.
Ambas podem contar, porque sentiram,
A cólera feroz da tempestade.
O temerário coração do homem,
Sua obstinação e o amor e o ódio
Que a mulher desesperam, no entanto,
Quem poderá deter sua corrente
De mal insaciável e nefasto?
Eis que a ingente paixão, que torna cego
Coração da mulher, arma ciladas
E zomba dos humanos e das coisas.
Vede a verdade com a triste Alteia[4]
Que transformou em ferro o coração
Ao acender a tocha que, sabia,
Iria provocar, ao se apagar,
Do próprio filho o fim inevitável.
Outro nome igualmente detestável
Merece ser lembrado: é o de Sila,
Que o próprio pai mandou ser imolado
Lá onde a fria espada o esperava.
Em troca de um colar de ouro, que Minos
Lhe ofereceu, quando seu pai dormia
A madeixa cortou de seu cabelo
Que assegurava o dom que os deuses deram.
E Hermes, então, tocou-lhe o ombro e logo
Sua alma do corpo desertou.
Mas se esses dois exemplos são terríveis,
O terceiro escutai, pior ainda.
Lá onde o matrimônio esconde o ódio,

E a mente da mulher pode tramar
A traição contra o guerreiro cônjuge,
Cuja fronte severa e majestosa
Apavorava os tímidos inimigos,
Ali fica uma casa contra a qual
Lançaram a maldição os deuses todos!
A honra mora onde o lar é puro,
Onde jamais cresce o rancor feroz,
Nem a impetuosidade das mulheres
Vai além dos limites da virtude.
Sim. De todos os crimes relembrados
Um à frente de todos se coloca:
A matança de Lenos, uma história
Que causa horror a todos que a ouvem.
E quando se refere a um novo ultraje
Costuma-se dizer: "Foi semelhante
Ao que aconteceu em Lenos." Dia
Pelos deuses odiado, e pelo qual
O nosso próprio sexo é culpado
Pelos homens não menos desprezado;
Não honra o homem o que os deuses condenam.
Não preciso de mais; três casos chegam.
Junto ao coração aguarda a espada
Prestes a golpear; quando a Justiça
Der a ordem, ela logo há de ferir.
Ninguém pode, em verdade, por mais tempo
Deixar de olhar entre o direito e o crime.
Violar as sagradas leis celestes
E nutrir esperança de perdão.
A Justiça plantou sua bigorna
E o Destino forjou o férreo gume.
O assassino ainda há de gerar
Novo assassínio; a morte só se paga

Com outra morte. Assim cobrai com sangue
O sangue derramado em antigo crime.

*Durante esta ode a cena se muda para a frente do palácio. Entram
ORESTES e PÍLADES com serviçais. ORESTES bate na porta do
palácio.*

ORESTES:
Ouvi! Em vossa porta estou batendo!
Há alguém no palácio? *(Bate de novo.)* Alguém aí?
(Bate de novo.) Estou batendo já a vez terceira!
Abri a porta, por favor, se a casa
De Egisto trata bem os peregrinos!

Aparece um ESCRAVO.

ESCRAVO:
Aqui estou. Qual é tua cidade?
De onde vens?

ORESTES:
               Dize aos donos desta casa
Que lhes trago notícias importantes.
Anda depressa, pois a Noite chega
Em seu trevoso carro, e já é hora
De encontrar um abrigo o viajante.
Pede que venha alguém autorizado,
Uma mulher, se for o caso, embora
Seria um homem mais conveniente.
Fica à vontade um homem com outro homem
E pode expor as coisas claramente.

CLITENESTRA aparece à porta.

CLITENESTRA:
Dizei, senhores, o que desejais.
Oferecer-vos pode este palácio
Tudo que poderíeis esperar:
Banhos quentes e todos os confortos.
Um leito fofo e bom acolhimento.
Se além disso, negócios sérios tendes,
É assunto de homens, e, em tal caso,
Aos homens exporás o que pretendes.

ORESTES:
Minha terra é a Fócida, e a Argos,
Mercador como sou, venho vender
Minhas mercadorias. No caminho,
Conhecendo fiquei outro homem,
De nome Estrófio e fócio como eu,
O qual, ao conhecer o meu destino,
Me disse: "Já que a Argos estás indo,
Conserva esta mensagem na memória
E transmite a seus pais: É morto Orestes.
Assim decidirá sua família
Se para a pátria o corpo levará
Ou se será na Fócida enterrado.
Enquanto isso, a devida cerimônia
Foi cumprida, e guardadas suas cinzas
Numa urna de bronze." Esta é a mensagem.
Se, por acaso, estou me dirigindo
A alguém no assunto interessado,
Eu não posso saber. De qualquer modo,
Devem ser avisados seus parentes.

CLITENESTRA:
Ó desgraça sem par! Ó maldição
Que persegue esta casa! Nada escapa

De tal perseguição. Nossos tesouros
Escondemos em vão. Mesmo de longe,
Tuas setas mortais encontram o alvo.
De minha triste vida tu arrancas
Tudo que me é caro. Agora, Orestes,
Que de certo pensou que não devia
Os pés firmar no pântano mortal,
Única esperança de burlar a praga
Que persegue e maltrata a nossa casa,
Agora pelas Fúrias alcançado.

ORESTES:
Eu só queria ter me apresentado
De uma boa notícia portador
A esta casa real tão majestosa,
E desfrutar a cálida acolhida.
Não há maior estima do que aquela
Que o viajante dedica a quem o hospeda.
Jamais eu poderia imaginar
Que tal desgosto fosse provocar,
Depois de cortesmente recebido.

CLITENESTRA:
A acolhida terás como mereces,
Podes saber. E, como nosso hóspede,
Considera esta casa como tua.
Se não viesses dar-me essa notícia,
Não tardaria um outro a vir trazê-la.
Mas quem já viajou o dia inteiro
Cansado deve estar e com fome.
(*a um escravo*) Mostra-lhe os aposentos para hóspedes,
Também ao seu amigo, e tem cuidado
Para que sejam muito bem tratados.
Vou transmitir ao rei essa notícia

E com os nossos amigos — que são muitos —
Discutiremos a situação.

Todos entram no palácio.

CORO:
Vinde, mulheres, vinde! Precisamos
Fortalecer o nosso coração
Falarmos e mostrarmos que nós somos,
Embora fracas, bem leais, capazes
De ajudarmos Orestes na emergência.
Terra revolta, ó cova consagrada
Pela dor, pelo amor que os filhos sentem!
Sepulcro humilde para o Rei das Frotas,
A nossa prece ouve e nos ajuda.
Não permitas que a astuta Persuasão
Use de seus ardis, de suas manhas!
Que Hermes, mentor do mundo subtérreo,
Proteja e afie a perigosa espada!
Olhai! Parece que os viajantes fócios
Estão causando alguma agitação.
Aí vem, desfeita em pranto, a velha ama
De Orestes, Cilisa. O que tem ela?
Não são, de certo, lágrimas fingidas.

Sai uma velha do palácio.

AMA:
A senhora mandou-me procurar
Egisto, sem demora, para ser
Informado a respeito da notícia,
Da horrível notícia que chegou.
Uma falsa expressão nos olhos tinha
De tristeza tingida, pois fingir

Perante a criadagem deveria.
Por dentro estava rindo, eis a verdade.
E mais alegre vai ficar ainda
Aquele homem que procuro agora.
E eu, pobre de mim, sofrendo tanto!
E tanta dor já vi! A vez primeira,
Quando reinava Atreu, foi pavorosa.
Mas, na verdade, em todas essas dores,
Eu nunca sofri tanto quanto agora.
Orestes! Meu Orestes! Eu criei-o,
Recém-nascido o recebi dos braços
De sua mãe, como se fosse um filho,
Dei-lhe todo o meu ser e o meu afeto.
Nele depositei minha esperança,
E tudo em vão! Quando me veio aos braços,
Era como um animalzinho indefeso,
Tive de protegê-lo, de animá-lo,
E o vi sorrir pela primeira vez,
Pela primeira vez balbuciar
As primeiras palavras, e os primeiros
De seus passos eu tive de amparar.
E ter de ouvir agora tal notícia!
Orestes morto! E tenho de ir contar
Àquele homem, maldição da casa,
Que vai se deleitar quando souber.

CORO:
Como diz a mensagem que conduzes
Que o homem deve vir? Com grande pompa?

AMA:
Com grande pompa? Eu não compreendo
O que queres dizer. Peço-te: explica.

CORO:
Vem com uma escolta armada ou vem sozinho?

AMA:
Com uma escolta armada.

CORO:
      Ama, não digas
Tal coisa a teu senhor tão detestado.
Finge estar bem alegre e descuidada,
E dize-lhe que deve vir sozinho
Para deixar os homens à vontade.

AMA:
O que queres dizer? Não te entristeces
Com a notícia que hoje nos chegou?

CORO:
O que dizes se Zeus enfim mudasse
Vento contrário em vento favorável?

AMA:
Mudar para melhor? Orestes era
A única esperança. E agora é morto.

CORO:
É preciso ser muito bom profeta
Para certeza ter em tal assunto.

AMA:
Ouviste alguma coisa diferente?

CORO:
Vai levar teu recado. Faze logo
O que tens de fazer. Os deuses cuidam
De fazer o que os deuses fazer devem.

Sai a AMA.

CORO:
Pai dos deuses do Olimpo, Zeus potente,
Eu te suplico, humilde, que concedas,
Agora, já, felicidade e paz
A esta casa que tanto necessita.
Possam eles ver as suas esperanças
Concretizadas hoje. E que esta prece
Para o bem da Justiça seja ouvida.
Na entrada do palácio está o príncipe.
Zeus o dispôs diante do inimigo!
Se lhe deres grandeza na vitória,
Receberão três vezes teus altares
Sacrifícios que mostrem a gratidão.
Filho órfão de alguém que te era caro,
Ele à luta mortal está disposto.
Protege-o, Zeus, pois essa luta é justa.
Afasta a maldição que há tanto tempo
Se faz sentir, terrível, opressora,
Por crime há tanto tempo praticado,
E esta casa aprisiona em medo eterno.
Torna a julgar o nosso caso: o sangue
Culpado é muito velho; torna-o estéril,
E esta casa outra vez há de ser pura.
Senhor do templo na profunda gruta,
Apolo, não permitas que esta casa
Continue no pó do chão lançada,
E como seu senhor acolhe um homem.

Que este sombrio véu seja afastado,
Coroados de glória os nobres feitos
E repleta de luz a casa inteira!
Hermes, filho de Maia, certamente,
Será nosso aliado benfazejo,
Nossa ação sustentando e estimulando,
Às vezes pela astúcia triunfando.
Sutil e sedutor em seu discurso,
Hermes sabe iludir, tornando cegos
Os homens, e, no entanto, à luz do sol,
Não se deixar mostrar impunemente.
E assim, assim, quando chegar a hora,
Quando os nossos lamentos se tornarem
Um canto triunfal que encha os ares,
Saudando o triunfar da real casa,
Da angústia e do tremor seremos livres.
Coragem, Orestes! Ao chegar a hora
De matá-la, relembra o assassinato
De teu pai; se tremendo, ela disser
"Meu filho, Orestes!", tu responderás
"Sou filho de meu pai!". E faze o resto.
Não serás censurado. É teu destino.
Planta em teu peito o férreo coração
Igual ao de Perseu. Por quem tu amas
Sobre a terra e no mundo subterrâneo,
Faze a reparação que a sua ira
Poderá acalmar. De Atreu a casa
Conquistará enfim a redenção
Graças ao teu esforço, e a luta antiga
Não mais prosseguirá, vertendo sangue
Que acabaria dessecando a fonte!

Entra EGISTO.

EGISTO:
Recebi o recado e aqui estou.
Notícia inquietante, e muito triste,
Ouvi dizer; por certos viajantes
Foi trazida: Orestes faleceu.
Seria temerário, todavia,
Também isso imputar à maldição
Que a nossa casa oprime? O que pensar?
Será alarme falso, ou a verdade?

CORO:
Também ouvimos nós essa notícia.
Pode indagar dos próprios viajantes,
Que se encontram na casa. As novidades
São mais confiáveis sem intermediário.

EGISTO:
Verei o viajante e saberei
Se ele mesmo viu, com os próprios olhos,
Orestes morto, ou se a notícia trouxe
Só por ouvir dizer de outra pessoa.

EGISTO *entra no palácio.*

CORO:
Que direi, grande Zeus? Devo uma prece
Dirigir-te, mas onde começar?
Deve a prece também ser oportuna
Para alcançar aquilo que se quer.
A vítima humana está já pronta,
Perto da pele o afiado gume.
Como terminará, porém, o dia?
Ou a aniquilação total e eterna
Para a casa do rei Agamenon,

Ou, com a chama da libertação,
O nosso príncipe ocupará seu trono,
Governará a pátria com justiça
E gozará os frutos da vitória.
Tal é a temerosa situação
Que este momento tem que decidir.
E com os deuses celestes seu lado,
Que ele possa alcançar essa vitória!

Ouve-se um estridente grito de horror,
vindo de dentro do palácio;
a voz é de EGISTO.

CORO:
Que voz é esta? Quem venceu? Quem reina
No palácio a partir deste momento?
Afastadas fiquemos até o caso
Ficar devidamente esclarecido.
Não devemos mostrar que somos cúmplices.
Já se lançaram os dados. Esperemos.

A cena se muda para um pátio interno.
De um lado fica uma porta que dá para os aposentos de hóspedes;
no centro, outra porta que leva aos aposentos das mulheres.
Da primeira sai correndo um ESCRAVO de Egisto.

ESCRAVO:
Socorro! Meu senhor está bem morto!
Abri as portas imediatamente!
Destrancai a que fecha os aposentos
Das mulheres! Depressa! Bem depressa!
Que venha logo alguém que tenha força!
Não que de salvação haja esperança.
Tudo já se passou! Abi ali!

Não me ouvis? Estais todos dormindo?
Todos ensurdeceram de repente?
Que é de Clitenestra? O quê faz ela?

Entra CLITENESTRA.

CLITENESTRA:
Por que fazes assim tanto barulho?

ESCRAVO:
É que o morto está ressuscitando
Para matar os vivos!

CLITENESTRA:
     O morto, dizes?
O morto, ó deuses! Sei o que referes.
Por astúcia matamos, é verdade;
Vamos hoje ser mortos por astúcia.
Corre, traze-me uma arma. *(Sai o ESCRAVO.)* E agora
É vencer ou morrer! Alonga história
Chegou ao seu final inevitável.

Entra ORESTES.

ORESTES:
Sim, és tu que procuro. De Egisto
A dívida cobrei. E está bem paga.

CLITENESTRA:
Querido Egisto! Morto! Onde estava
Todo o vigor que tinhas, meu amado?

ORESTES:
Era-te assim tão caro aquele homem?
Melhor. Tu vais ficar ao lado dele
Na mesma cova. Assim, sendo ele morto,
Não poderás matá-lo nem traí-lo.

CLITENESTRA:
Embainhes esta espada, filho meu!

ORESTES *não se mexe*; CLITENESTRA *ajoelha-se*.

CLITENESTRA:
Olha para este peito, meu filhinho,
Nele dormiste muita vez e dele
Sugaste o leite que te deu a vida,
Sugaste o leite que te deu a força.

Entra PÍLADES.

ORESTES:
O que devo fazer, ó Pílades? Matar
A própria mãe é algo horrível.

PÍLADES:
Onde estão as palavras que Apolo
Pronunciou por seus oráculos pítios?
E onde o juramento que prestaste?
Dos homens todos torna-te inimigo,
Mas não te tornes de um só dos deuses.

ORESTES:
Eu não vacilarei. Opinas certo.
(Para CLITENESTRA*)*
Vou te matar lá dentro, junto dele.

Em vida o preferiste a meu pai.
Dorme, na morte, agora, ao lado dele.

CLITENESTRA:
Eu dei-te a tua vida. Deixa a minha.

ORESTES:
Mas que vida foi essa? Em minha casa,
Tu, assassina de meu próprio pai.

CLITENESTRA:
Meu filho, a culpa toda não foi minha,
Uma parte ao destino é que se deve.

ORESTES:
Pois outra morte decretaram as Parcas.

CLITENESTRA:
Não temes, filho, a maldição materna?

ORESTES:
Foi maternal aquilo que fizeste
Me enjeitando, do lar me expulsando?

CLITENESTRA:
Eu confiei-te a amigos bem fiéis.
Pode chamar tal coisa de enjeitar?

ORESTES:
Eu nasci homem livre e tu vendeste
O meu corpo e o meu trono.

CLITENESTRA:
    Eu vendi?
Que preço recebi por te vender?

ORESTES:
Eu não vou responder, pois tenho pejo.

CLITENESTRA:
Teu pai também pecou. Os meus pecados
Com os dele compara, e tu verás.

ORESTES:
Silêncio! Cala! Ele na batalha
O seu tempo passou, e tu em casa.

CLITENESTRA:
Não sofre menos a mulher sozinha.

ORESTES:
O homem é que sustenta e guarda a esposa.

CLITENESTRA:
Estás mesmo, meu filho, decidido
A assassinar a tua própria mãe?

ORESTES:
Tua própria mão fará, e não a minha.

CLITENESTRA:
Cuidado, então, com as vingadoras Fúrias
Que seguirão a maldição materna.

ORESTES:
E não enfrentaria por acaso
A maldição do pai, se desistisse?

CLITENESTRA:
Estou perdendo tempo, eis a verdade.

ORESTES:
O vento do Destino está soprando
Do túmulo de meu pai para o teu túmulo.

CLITENESTRA:
Ó deuses, o meu sonho! Eis a serpente
Que eu mesma gerei e amamentei!

ORESTES:
Foi o teu pesadelo profecia
Que tem de se cumprir. Foi o teu crime
Sacrílego, e sacrílego o teu castigo.

ORESTES *empurra* CLITENESTRA *para dentro do palácio.*
PÍLADES *o acompanha.*

CORO:
Lamento mesmo destes dois o fim,
Ambos culpados pelo mesmo fato.
Mas, como o nosso príncipe coroou
Com sangue humano o sangue derramado
No passado, a esperança acalentamos
Que a esperança de Argos não pereça.
Como aos filhos de Príamo o castigo
Chegou com toda a força, embora tarde,
Neste palácio dupla morte veio
Ao par de feras que reinou cruento.

O desterrado suplicou, e o deus
Todo o apoio lhe deu, e o vingador
Inflexível alcançou seu fim.
Alegria! Vitória! Neste dia
Glorioso, o trono de Argos se levanta
De novo livre, forte e soberano.
E há de restaurar toda a riqueza
Pelo astuto casal dilapidada.
A mão que empunha a espada, finalmente,
O castigo mostrou, orientada
Pela filha de Zeus, pela Justiça,
Que o braço de Orestes dirigiu
Quando ele castigou os inimigos.
Alegria! Vitória! Neste dia
Glorioso, o trono de Argos se levanta
De novo livre, forte e soberano.
E há de restaurar toda a riqueza
Pelo astuto casal dilapidada.
Apolo, senhor do grande templo
Na caverna que fica no Parnaso,
Assim pronunciou: "A falsidade
Podes usar, mas minha palavra
Jamais falsa será." Hoje, a Justiça
A palavra de Apolo ratifica.
Com isso, as divindades triunfaram,
O homem criminoso castigando.
E só nos cumpre agora, reverentes,
Celebrarmos de Zeus a onipotência.

A cena muda, mostrando ORESTES *de pé junto dos cadáveres de* EGISTO *e* CLITENESTRA. *Escravos seguram o roupão manchado de sangue com que* CLITENESTRA *prendera* AGAMENON.

ORESTES:
Vinde ver esta cena! Este casal
Assassinou meu pai, furtou-me a herança.
Quando vivos, um trono destruíram,
E uma dignidade e um amor.
Agora os dois na morte estão unidos.
Um ao outro juraram assassinar
Meu pai e perecerem ao mesmo tempo.
E o juramento, é certo, eles cumpriram.

ORESTES *aponta para a veste manchada de sangue.*

Contemplai esta prova e me julgai.
Foi com esta armadilha que ela, astuta,
Meu pai paralisou, para matá-lo.
(aos escravos) Estendei-o bem alto. Certamente,
Era o seu fim paralisar um homem.
Exibi-o, mostrai-o. Que o veja
Meu pai, que agora pode contemplar
Tudo que aqui na terra se sucede.
Que o Sol veja este horror, obra nefasta
De minha própria mãe. Que testemunhe
A meu favor, se um dia eu for julgado.
E testemunhe que o dever me impunha
Esse crime de sangue cometer.
Quer dizer: minha mãe. Pois, quanto a ele
De adúltero o castigo lhe cabia.
Ela, porém, um revoltante crime
Contra o marido planejou sem pena. *(Aponta para a veste.)*
O mesmo esposo de quem teve filhos
E que amou no princípio, mas no fim
Passou a odiar como inimigo.
O que dela dizer? Se fosse, acaso,
Uma víbora ou arraia venenosa,

Ela sequer ferir precisaria,
Bastaria tocar a sua vítima
Para a gangrena produzir, tal era
Sua peçonha natural, seu ódio.
E o que deste instrumento irei dizer?
Uma armadilha de animais selvagens?
Uma rede talvez, talvez um laço.
Em resumo: uma arma traiçoeira,
Uma prova de suma vilania.
Jamais com tal mulher eu moraria
Sob o mesmo telhado. Preferia
A sem filhos morrer, ser condenado!

CORO:
Eu choro pelo rei que tu mataste,
Eu choro por teu fim realizado.
Terrível coisa foi a tua morte,
Porém, tardou o momento esperado
E das raízes do erro praticado
A flor do sofrimento floresceu.

ORESTES:
Eu sou culpado ou não? Vede esta veste
Pela espada de Egisto ensanguentada.
É minha prova. Sim, prova de sangue.
Castiguei. O castigo mereciam.
A inquietação, no entanto, me persegue.
É uma vitória que se afoga em sangue.

CORO:
Ninguém pode pensar em ter a vida
Livre de tormentosos sofrimentos.
Carregamos conosco algumas dores
E outras trarão os deuses e o tempo.

ORESTES:
Ouvi-me agora. Sou, neste momento,
Como alguém que uma junta de cavalos
Dirigisse e, no entanto, ignorasse
Aonde os animais o conduziam.
As rédeas não consigo dominar
E o carro perde o rumo e se desvia.
No coração a ira se mistura
Ao sombrio temor, e assim proclamo,
Estando em são juízo, a todos quantos
Me são leais: não pratiquei um crime
Abominável minha mãe matando,
Um crime condenado pelos deuses,
Pois ela própria já manchara as mãos
No sangue de meu pai. Quanto aos conjuros
Que a tal ato terrível me impeliram
Ofereço, confiante, o testemunho
Do próprio Apolo, cujo pítio oráculo
Me revelou que eu estaria isento
De culpa, se tal ato praticasse,
E, em caso contrário, eu não teria
Sossego mais, em toda a minha vida.
Eis o que agora vou fazer. Levando
Comigo este festão, esta grinalda,
Ao santuário de Apolo, postulante,
Ali, no templo que é da terra o centro,
E, exilado, buscarei refúgio
Por causa desse sangue derramado,
Sangue que é meu sangue. Desse modo
Amparo junto a Apolo alcançarei.
Aos argivos peço, ao mesmo tempo,
Que, quando chegue o momento oportuno,
Possa testemunhar que a sua morte

Não pratiquei levado por um mero
Instinto sanguinário e pervertido.

CORO:
O direito e o sucesso estão contigo.
Por que dizer palavras aziagas?
Tu libertaste Argos e seu povo
De duas feras vis tu nos livraste.
Por que temer o mal que pode vir?

ORESTES *(vendo as Fúrias se aproximarem)*:
Ah! Ah! Olhai, olhai! ali estão!
Às Górgonas iguais, com escuros mantos
E serpentes em torno de seus corpos!
Ah! Deixai-me fugir! Ei-las que chegam!

CORO:
Que visões de atormentam, tu, Orestes,
O mais leal dos filhos? Fica, fica!
Por que tens de fugir? Fica conosco.

ORESTES:
Não é imaginário o horror que emana
Desses seres horríveis. Eu bem sei.
São mastins da vingança que se açulam
Pelo sangue materno derramado.

CORO:
Estás imaginando. É natural.

ORESTES:
Apolo, elas são muitas! De seus olhos
Escorre sangue e pus! São pavorosas!

CORO:
Vai, sem demora, aonde te aguarda
A purificação. Estende a mão
Para Apolo, que logo afastará
Esse tormento que te aflige agora.

ORESTES:
Esses seres eu sei que não estais vendo,
Mas eu os vejo, horrendos, pavorosos.
Não posso mais! Eu tenho que fugir!

Dando um grito de horror, ORESTES *sai correndo.*

CORO:
Que os deuses te abençoem, e a boa sorte
Acompanhe os teus passos aonde fores.

O CORO *se agrupa no proscénio e se dirige ao público.*

Pela terceira vez, a maldição
Traz à casa real a tempestade.
A morte das crianças perpetrada
Por Tieste lançou a maldição.
Pela segunda vez morreu um homem
Valente e bom, dos gregos comandante.
Agora, outro sangue é derramado
Pela terceira vez. E, ansiosos,
Uma esperança nisso procuramos.
Será a liberdade que nos chega
Ou simplesmente uma morte a mais?
Quando terminará essa batalha?
Quando se apagará a maldição
Ancestral, e se esgote a sua fúria?

AS EUMÊNIDES

PERSONAGENS

A sacerdotisa Pítia

Apolo

Hermes

Orestes

O fantasma de Clitenestra

Coro
Das Fúrias ou Eumênides

Ateneia

Doze Cidadãos Atenienses

Um certo número de mulheres e donzelas atenienses

Cena: Primeiro em Delfos, no Oráculo Pítio,¹ ou Templo de Apolo; depois em Atenas, no Templo de Ateneia, na Acrópole.

    Cena I: Diante do Oráculo Pítio. A cortina está descida sobre a cena, A SACERDOTISA entra por um dos lados, sobe os degraus do palco e fica de pé no centro, diante da cortina.

SACERDOTISA:
Primeiramente, reverenciar,
Entre todos os deuses, nesta prece,
Venho à Terra, que foi da profecia
A autora primeira, e, em seguida,
Têmis,[2] que este oráculo influencia.
Vem Febe, logo após, entronizada
Pela boa vontade, e não por força,
Ela, outra titã, filha da Terra,
Sua prerrogativa transmitiu
A Febo, pelo nome semelhante.
Vindo do Lago Délio, circundado
Pelos altos rochedos, chegou ele
Ao litoral de Palas e de lá
Ao Parnaso, até este santuário.
E em sua marcha o acompanharam
Bandos de homens na Ática nascidos
Filhos de Hefaistos,[3] construindo estradas,
Por onde os peregrinos transitaram,
Em terra nua, até então selvagem.
E foi assim que Febo veio a Delfos,
Para em Delfos ficar. O rei e o povo
O acolhem com toda a reverência;
E a presciência Zeus lhe concedeu,
Com celestial sabedoria, e fê-lo
Sucessor de seu trono em quarto grau,
Desde que, como Lóxias, interpreta
A palavra e a vontade de seu pai.
Minha piedade estes primeiro invoca.
E com santas palavras eu saúdo
Palas Pronaia[4] e as ninfas que protegem
A Gruta Corriciana, lindo abrigo

Onde seu ninho as aves vão fazer;
E onde Brômio,⁵ também, fez sua casa,
Desde que, certa vez, o seu frenético
Dando ele conduziu, e o rei Penteu
Despedaçado foi, como uma lebre
Despedaçada pelos cães de caça.
Invoco após as fontes de Pelistos
E o rio de Delfos, e Poseidon,
E, por fim, Zeus, supremo, poderoso.
Tomo lugar agora na cadeira
Da profecia. Que o céu me conceda
Que o culto deste dia ultrapasse
Em bênçãos e fervor os outros dias.
Que cada grego peregrino a sorte
Tire por procedência, como é uso.
E Febo falará pelos meus lábios
A verdade perfeita, como sempre.

A SACERDOTISA *vai para trás da cortina. Depois de um curto intervalo, ouve-se um grito de horror, e ela reaparece.*

Uma horrível visão, coisa medonha
Deste templo me expulsa; eu tremo toda,
Mal posso caminhar, embora corra.
Como o medo transforma uma mulher
Já velha em uma pobre criancinha!
Quando no interno santuário entrei,
Já se encontrava ali um suplicante,
Um homem poluído, cujas mãos,
Ainda sujas de sangue, seguravam
Uma espada também suja de sangue.
Trazia ele na fronte, no entanto,
De folhas de oliveira uma coroa.
Até aqui eu posso claramente

Explicar o que vi. Mas a seu lado,
Estendidas nos bancos e dormindo,
Se encontravam as mulheres... Não! Não eram
Mulheres, mas Górgonas. No entanto,
As Górgonas não eram semelhantes.
Vi certa vez pintadas as Harpias,
Roubando ao rei Fineu em seu banquete.
Mas as que vi no templo não têm asas,
São sombrias, horrorosas, repulsivas,
E ressoavam ruidosamente,
Com o hálito empestando o ambiente.
Dos olhos lhe escorriam um purulento,
Um líquido viscoso, e suas vestes
Imundas, malcheirosas, ultrajavam
As moradas dos deuses ou dos homens.
Jamais vi criaturas de tal raça.
Nenhuma terra pode produzi-las
Sem merecer a maldição dos deuses,
Sem merecer a maldição dos homens.
Mas voltarei sem medo, me lembrando:
Apolo é poderoso, e o templo é seu.
Ele que purifica o que é humano
Irá purificar seu próprio templo.

A SACERDOTISA volta pelo caminho por onde veio. A cortina se abre, mostrando o interior do Templo de Apolo. No centro, ORESTES está sentado junto de um grosseiro altar de pedra, "A Pedra do Umbigo". Ao seu lado encontram-se APOLO e HERMES. Em torno deles, dormindo em bancos ou no chão, estão deitadas as doze FÚRIAS.

APOLO:
Não te abandonarei. Distante ou perto,
Serei o teu constante guardião
E de teus inimigos o temor.

Pelo bem curto espaço de uma hora,
Podes ver estas bruxas mais tranquilas;
O sono as dominou por algum tempo,
Essas megeras velhas como o mundo
Que homem algum nem animal suporta.
Nasceram para o mal, e o mal reside
Em sua tenebrosa moradia
Na profundez do Tártaro sombrio,
Pelos homens e deuses detestada.
Foge, pois, e de modo algum fraquejes.
Elas continuarão a perseguir-te,
Pelos mares, pelas ilhas e praias
E pelo interior do vasto continente,
Em toda e qualquer parte onde encontrarem
Um pedaço onde os pés possam pousar.
Tem coragem, sê firme, o teu pavor
Aprende a dominar e a desfazer.
E te encaminhes já para a cidade
De Palas, para Atenas. Lá chegando,
Com tuas mãos de suplicante abraça
A sua velha imagem, e implora ajuda.
Ali convocarei os teus juízes,
E, com palavras convincentes, eu,
Que te induzi a tua mãe matares,
Hei de dar-te, afinal, a liberdade.

ORESTES:
Senhor Apolo, fonte do Direito
E da Justiça, tal apoio vindo
De ti será bastante proteção.

APOLO:
Não te esqueças: jamais deixes o medo
Conquistar o teu firme coração.

Vai, Hermes, meu irmão, acompanhá-lo.
Cumpre a tua específica missão.
A mim compete dar-lhe proteção.
Sê o seu guia bem seguro, pois
O proscrito tem sua santidade,
E Zeus vela por ele nas alturas.

HERMES *leva* ORESTES *para fora;* APOLO *entra mais para o fundo do templo. Aparece o* FANTASMA DE CLITENESTRA.

CLITENESTRA:
Ainda estais dormindo? Despertai!
O que valeis dormindo? Despertai!
Desde que me esquecestes, venho sendo
Entre os outros defuntos maltratada
Por aquele que à minha mão foi morto,
E me sinto culpada e condenada,
E não ouço uma voz que protestasse
Contra o punhal de um filho matricida.
Vede este ferimento recebido
Bem junto ao coração e também vede
Quem empunhou a arma que me feriu!
Vede, pois embora além da carne
Sequer à luz do sol se possa ver,
Durante o sono olhos ganha a mente.
Muitas vezes por vós as minhas mãos
Hão derramado libações sem vinho,
Sobre a minha lareira, à meia noite,
Quando outro deus algum é cultuado.
E por vós oferendas eu queimei.
Agora tudo quanto ofereci
Foi calcado nos pés e desprezado,
Enquanto ele escapa livremente,
Como animal que se livrou do laço,

E zombando de vós impunemente.
Ouvi, vós, Divindades subtérreas!
Compreendei qual é a minha súplica!
Confio a vós questão de vida ou morte!
Clitenestra vos chama em vosso sonho!

O CORO resmunga inquieto, como cães que rosnam dormindo.

CLITENESTRA:
Resmungai, e, enquanto isso, a vossa presa
Desaparece, sem deixar vestígio.
Seus amigos dos meus são diferentes:
Enquanto vós dormis, eles o salvam.

O CORO resmunga de novo.

CLITENESTRA:
Não acordais? Ireis deixá-lo ir-se?
Orestes, que matou a própria mãe,
Está solto, está livre! Ele fugiu!

Gritos mais excitados vêm do CORO.

CLITENESTRA:
De que vale gritar, se estais dormindo?
Acordai! Acordai! O tempo urge!
O mal, que a vós compete, vos espera!

Os gritos continuam.

CLITENESTRA:
Sono e cansaço, cúmplices astutos,
As forças exauriram destes monstros.

CORO (*ainda gritando alto*):
Persegui-o! Apanhai-o! Não escapa!

CLITENESTRA:
Em vossos sonhos, vós o perseguis,
Como mastins que não perdoam à presa.
Mas que vale sonhar? Vós esquecestes
A minha dor? De pé! Atormentai
Seu coração com o peso do remorso!
Arrancai-lhe a esperança de sossego!

Enquanto o CORO *acorda, o* FANTASMA DE CLITENESTRA *desaparece.*

CORO:
Vamos, acorda! E tu também, acorda!
Acordai, acordai! De pé! De pé!
Essa premonição que quer dizer?

As FÚRIAS *veem que* ORESTES *desapareceu.*

O que aconteceu? Fomos logradas!
Quem teve a audácia de zombar de nós?
Tanto trabalho em vão! Quem terá sido?
Febo, filho de Zeus, és mesmo um deus?
Em prol do teu altar, desafiaste
A Justiça, salvando um matricida.
No meio dos meus sonhos, escutei
Frases candentes de condenação
Que no imo do peito me atingiram.
Vi, então, o flagelo do Remorso,
Pela mão do Destino sustentado,
E de cujo castigo não se escapa.
A culpa não é nossa. O criminoso

Contou com a proteção dos jovens deuses,
Que reinam em vez dos que reinavam antes,
E cujo trono se manchou de sangue.
Nesta pedra sagrada que assinala
Da nossa Terra o centro,[6] se sentou
Aquele que a Justiça condenou!
Apesar do teu dom de profecia,
Do teu saber sagrado, ó Febo, ousaste,
E em teu próprio templo, violar
As leis que os próprios deuses decretaram,
Protegendo o que as Parcas condenaram.
A maldição que pesa sobre Orestes
Não pode permitir que ele em recinto
Sagrado tenha abrigo e proteção.
Breve virá, de sua própria gente,
Um Vingador cumprir a maldição.

Entra APOLO, vindo do interior do templo, trazendo o arco e as setas.

APOLO:
Deste templo saia! Eu vos ordeno.
Saia do meu profético santuário,
Se não quereis ver setas disparadas
Deste arco de ouro, que vos leve
A vomitar o sangue que bebeste
Da carne podre dos assassinados.
Não é, aqui vosso lugar, e sim
Algum subterrâneo, onde torturas
São praticadas, algum antro cheio
De olhos arrancados e cabeças
Decepadas, de corpos empalados.
Esses são os banquetes que vos tentam
E é por isso que o céu vos abomina.
Ide buscar um antro semelhante!

Fora daqui! Os deuses vos detestam!

CORO:
Chegou agora a hora de falarmos,
Tu, Apolo, és por tudo responsável.

APOLO:
Explicai-me melhor o que dizeis.

CORO:
Ele matou a própria mãe, levado
Por teu oráculo.

APOLO:
              O meu oráculo
O levou a vingar do pai a morte.

CORO:
Com a mão manchada de materno sangue,
Gozou Orestes tua proteção.

APOLO:
Eu o mandei fugir para este templo.

CORO:
Aqui estamos como sua escolta.
Por que nos injurias?

APOLO:
        Não sabeis?
Vossa presença aqui é uma afronta.

CORO:
É, porém, o dever de nosso ofício.

APOLO:
Que grande ofício esse! No entanto,
Tendes até orgulho em proclamá-lo.

CORO:
Perseguimos sem dó os matricidas.

APOLO:
E uma esposa que mata seu marido?

CORO:
Não são do mesmo sangue. Em consequência
Não se derrama nisso sangue afim.

APOLO:
Zombais, então, dos laços conjugais
De Zeus e Hera, que confirmam todos
Os laços conjugais que unem os sexos,
E desprezais a fonte de alegria
Maior para os mortais: nossa Afrodite.
O casamento, que dois seres unem
Por ordem do Destino e é protegido
Pela Justiça, é elo abençoado,
É mais sagrado do que um juramento.
Se então, quem mata em vós encontra graça,
Pondo ao lado o castigo e toda a ira,
Injustas sois em perseguir Orestes.
Seu crime perseguis, e, no entanto,
À sua mãe mostrais benevolência.
Palas decidirá o nosso caso.

CORO:
Jamais permitirei que Orestes fuja.

APOLO:
Trata de persegui-lo, se és capaz.

CORO:
Não roubarás meu privilégio, Febo.

APOLO:
Nem se tu me ofertasse, eu o queria.

CORO:
Junto ao trono de Zeus, grande és chamado,
Porém, Orestes está preso à terra
Pelo sangue da mãe, e eu o persigo.

APOLO:
Ele é meu suplicante. E irei, portanto,
Protegê-lo e salvá-lo se puder.
A ira agitará o céu e a terra,
Se eu a um culpado a proteção negar,
Quando a mim, suplicante, recorreu.

Enquanto APOLO fala, o CORO começa a sair do palco. APOLO se retira mais para o interior do templo.

CENA II: O Templo de Ateneia em Atenas tem à sua frente uma estátua da deusa. Entra ORESTES, que se ajoelha diante da estátua.

ORESTES:
Ateneia divina! Por Apolo
Mandado, aqui estou. Recebe, ó deusa,
A minha devoção e ouve-me a voz!
Impuro não estou, mas fugitivo.
Nessa longa viagem empreendida
Através de cidades e de tribos,

As minhas mãos do sangue se limparam,
Do matricídio a mancha se apagou,[7]
Exorcismado, quando fresco ainda,
Nos altares de Apolo, com oferendas
De sangue, que puderam redimir-me.
Seria longo enumerar os nomes
De todos os amigos cujas casas
Me receberam, e cujas mãos honestas
Minha mão apertaram sem rancor
E apagaram o remorso da minha alma.
Agora, após viagem trabalhosa,
Por terras e por mares empreendida,
Obediente a Febo e ao seu oráculo,
Chego, deusa, ao teu templo e à tua imagem.
Aqui hei de ficar, até saber
O resultado do meu julgamento.

Entra o CORO, *seguindo o rasto de* ORESTES.

CORO:
Este é o seu rasto, sim. Não tenho dúvida.
Vinde, seguindo o cheiro da impureza,
Esse cheiro de sangue que ele tem.
Pelo cheiro o seguimos, como os cães
Pelo sangue perseguem e encurralam
O animal ferido que fugiu.
Como um pastor procura na montanha
O animal que sumiu, de passo a passo,
Assim nós procuramos pelas terras
E sem asas voamos sobre os mares,
Mais velozes que os rápidos navios.
Agora eu sei que aqui ele se encontra,
Encolhido em algum esconderijo:
O cheiro do assassino é muito forte.

Olhai! Olhai ali! Ei-lo afinal!
Vigiai todas as portas, a fim de que
Impune não escape o criminoso!
Outra vez proteção ele alcançou,
Junto à imagem da deusa. Assim oferta
A sua vida em troca do direito
De ser julgado pelo mal que fez.
Não pode acalentar ele, contudo,
A esperança de incólume ficar.
Para o sangue materno derramado
Pelo filho não pode haver perdão,
Em castigo do sangue que verteste,
Tu nos darás teu sangue, e o beberemos,
Enquanto espedaçarmos tuas carnes
Como prêmio devido ao nosso esforço.
Fica bem certo disso: não somente
Tu, mas todo aquele dos mortais
Que por orgulho transgredir a lei
Da reverência que é devida aos deuses,
Aos pais e a quem o acolhe em sua casa,
Há de pagar o preço inexorável.

ORESTES:
Graças ao sofrimento eu aprendi,
Como também graças ao ritual
Da purificação, a me calar
Quando for preferível o silêncio.
Mas, neste caso, um sábio preceptor,
Me ensina ser a hora de falar.
As minhas mãos de sangue se limparam
Do matricídio a mancha se apagou,
Exorcismado, quando fresco ainda,
Nos altares de Apolo, com oferendas
De sangue, que puderam redimir-me.

Seria longo enumerar os nomes
De todos os antigos cujas casas
Me receberam e cujas mãos honestas
Minha mão apertaram sem rancor.
E agora, sem labéu, purificado,
De Ateneia suplico a proteção
E ajuda na cidade que governa.
Poderá, desse modo, conquistar
A minha pátria e os cidadãos argivos
E eu como seu rei, em aliança
Duradoura e leal, firme e sincera.

CORO:
Não creias que Apolo ou Ateneia
Tenham o poder de te salvar. Não creias.
Perdido, escorraçado, viverás,
Sem sequer se lembrar de uma alegria,
Como um fantasma lívido, e teu sangue
Por nós será sugado, lentamente.
Eis um encantamento que à nossa
Vontade há de prender-te sem remédio.
Vinde, Fúrias, pois está tomada
Nossa resolução. Que o enredo
Siga seu curso. Que ninguém que sinta
A força embriagante deste canto
Possa esquecer que são por nós traçadas
Todas as linhas do destino humano.
Julgamos com a pureza e com a verdade:
Quem mostra as suas mãos limpas de sangue,
Nada tem a temer da nossa ira;
Há de viver tranquilo e protegido.
Mas quando um pecador, tal como este,
Se lambuza com o sangue derramado,
E esconde envergonhado as mãos manchadas,

Este, testemunhando o próprio crime
Há de pagar, inexoravelmente,
O preço do pecado cometido.
Noite fecunda, ouve, minha mãe
De cujo ventre vim para castigo
De todos quantos vivem à luz do Sol
Ou se encontram debaixo do sepulcro.
Febo furtou-me o ofício e meu direito,
A perseguida e encurralada presa,
Cuja culpa terá de ser expiada,
Culpa de derramar seu próprio sangue.
O Destino que rege o mundo todo
Decretou que este seja o meu quinhão:
Quando o homem assassina um semelhante,
Eu o acompanharei, como o remorso,
Sem descanso até o dia de sua morte.
Desde o dia do nosso nascimento
Nos foram conferidos tais direitos
De castigar a culpa dos mortais.
Não devem nos temer os imortais,
Nenhum deus poderá compartilhar
Nossos banquetes. Quando as vestes alvas
Aparecem nos templos, a escuridão
Que nos envolve nos proíbe a entrada.
A parte que escolhemos é levar
O tormento e o castigo a quem merece.
Quando o ódio surgir no mesmo lar
E os parentes se matem uns aos outros,
Lá estaremos para castigar.
Com rigor castigamos, não poupando
Muitos que os deuses podem perdoar.
Zeus, isento de mácula, repele
Com nojo e com desdém, nossa esperança,
Mas nós continuamos a exercer

O nosso ofício de punir o crime.
E assim a glória que bem alto sobe,
O próprio céu desafiando às vezes,
Pela nossa vingança é abatida
E cai das nuvens nas terráquea lama.
Eis que a Lei subsiste, e nós da Lei
As fiéis guardiãs, não toleramos
Que ela seja ultrajada sem castigo.
Nossa mortal tarefa é desonrada
E prece alguma nos fará deixá-la.
E assim cumprir teremos a tarefa
Que o Destino, implacável, decretou.
Quem poderá, portanto, nos negar
O temor e a devida reverência?
Embora sejam a nossa moradia
As profundas cavernas subtérreas,
Ninguém jamais nos poderá privar
De nossos privilégios milenários.

Entra ATENEIA, *saindo do templo.*

ATENEIA:
De muito longe ouvi ser invocado
O meu nome. Da margem do Escamandro,[8]
Onde fui reclamar e receber
A terra que os aqueus me ofereceram,
O quinhão escolhido pelos chefes
Da vasta presa conquistada em guerra
Por netos de Teseu por todo o sempre.
Sem usar pés ou asas, logo vim,
Transportada nos ares pela égide,
Trazidas pelos ventos galopantes.
Esses estranhos que estou vendo aqui
No limiar do templo me espantam.

Quem sois vós? E a pergunta é dirigida
Tanto a este homem que a imagem abraça,
Como a vós, seres tais que nunca vi,
Que não parecem deuses nem mortais.
Sou injusta, porém. A razão veda
Ofender sem que eu seja provocada.

CORO:
Em bem poucas palavras saberás,
Filha de Zeus. Filhas da Noite somos.
Em nossa moradia, sob a terra,
Por todos Maldições somos chamadas.

ATENEIA:
Conheço vossa raça e também
O vosso nome no falar corrente.

CORO:
Conhecerás agora o nosso ofício.

ATENEIA:
Estou vos escutando. Sede claras.

CORO:
Nos cumpre perseguir os assassinos.

ATENEIA:
E onde poderá o fugitivo
Encontrar afinal descanso e paz?

CORO:
Somente no lugar em que a alegria
E o sossego de todo não existam.

ATENEIA:
E estais assim este homem perseguindo?

CORO:
Estamos. Esse homem que ali vês
Matou a própria mãe. Não tem perdão.

ATENEIA:
Não terá sido ele induzido
Por um poder mais alto que temesse?

CORO:
E quem terá esse poder nefasto
De um homem induzir ao matricídio?

ATENEIA:
Um pedido foi feito; doravante
Ambas as partes devem ser ouvidas.

CORO:
Juramento, porém, ele de nós
Não irá exigir, nem jurará.⁹

ATENEIA:
Procurais mais a forma da justiça
Do que a própria justiça.

CORO:
        Como assim?

ATENEIA:
Não triunfa a injustiça em julgamento
Por motivo de um simples juramento.

CORO:
Trata, então, de julgá-lo lisamente,
Nos fatos baseando a decisão.

ATENEIA:
Concordais, nesse caso, em entregar
A meu encargo a decisão final?

CORO:
Concordamos. Em teu saber confiamos,
E confiamos no nome de teu pai.

ATENEIA:
Meu jovem amigo, é tua vez agora.
O que tens a dizer? A tua fé
Na Justiça te trouxe à minha imagem.
Dize quem és, qual é a tua pátria,
Tudo que aconteceu e o que tu tens
A dizer tendo em vista a acusação
Que acaba de ser feita. Fala claro.

ORESTES:
Ateneia divina, antes de tudo,
Quero deixar bem claro que aqui
Não vim com as mãos ainda poluídas.
Todos os rituais foram cumpridos
Para o sangue lavar. Outros altares
Já viram animais sacrificados
E muita água pura derramada.
O sangue do homicida foi lavado.
E, quanto à minha origem, sou de Argos
E meu pai foi por ti bem conhecido,
Pois tu e ele junto combateram
Na cidade de Troia: Agamenon,

Chefe da frota e dos guerreiros gregos.
Ao regressar ao lar, foi torpemente
Assassinado pela própria esposa,
Esposa e mãe de coração de pedra,
Que em mortal armadilha o apanhou.
Assim tombou meu pai quando do sangue
Na guerra derramado se lavava.

Quando depois, após anos de exílio,
Voltei ao lar, a minha mãe matei,
Não vou negar. Matei, mui justamente,
Como o preço da vida de meu pai.
Nisso também Apolo é responsável:
Falou-me das torturas indizíveis
Que a minha alma haveria de sofrer
Se a morte de meu pai eu não vingasse.
Julgar agora só a ti compete
Se fiz bem ou fiz mal; o veredito
Aceitarei qual seja: vida ou morte.

ATENEIA:
É causa muito grave, realmente,
Para um homem julgar. Por outro lado
Em caso de homicídio não compete
A mim deter o braço da Justiça.
Menos ainda quando tu vieste,
Da purificação após os ritos,
Buscar meu templo como suplicante,
E a cidade de Atenas e eu, a ti
Asilo e santuário concedemos.
Não podem ser, no entanto, ignoradas
As pretensões de teus acusadores.
Sua ira, de outro modo, cairia
Com sangue e com furor sobre esta terra.

Um dilema, portanto, se apresenta:
Terei de aceitá-las ou expulsá-las,
E qualquer solução é perigosa.
Assim, como me foge a decisão,
Nomearei juízes escolhidos
Que formarão um tribunal perpétuo
Que julgará os casos de homicídio.
Para eles transfiro o julgamento.
Trazei as vossas provas, convocai
As vossas testemunhas, que irão,
Por juramento feito confirmadas,
O braço da Justiça sustentar.
Vou procurar os cidadãos mais sábios
E mais prudentes, para aqui trazê-los
A fim de que, depois do juramento,
Decidam com rigor e integridade.

Sai ATENEIA, *indo para a cidade, enquanto* ORESTES *entra no templo.*

CORO:
Devem mudar de nome o falso e o certo,
Se a nova autoridade admitir
Valor ao que argumenta o matricida.
Isso será incitação ao crime,
E o sangue dos pais irá correr
Por mão dos próprios filhos derramado.
E das Fúrias a ira vigilante
Irá esmorecer, não perseguindo
A alma dos piores criminosos.
O assassinato reinará tranquilo
E não terão as vítimas quem as vingue.
Caído sob o peso do infortúnio

Mais homem algum há de chamar por nós?
"Vinde depressa ó Fúrias vingadoras!"

Assegurando o bem pelo temor
Alguém deve reinar entronizado
Velando pelos homens e ensinando,
Por meio do remorso, que o pecado
Não pode ter perdão. Se, ao contrário
Ninguém tiver temor no coração,
Quem irá se curvar ante a Justiça
Quando se apresentar a ocasião?
Nem a licenciosidade se procure,
Quando das leis o império não vigore,
Nem a escravidão sob um tirano.
Onde se ajustam a liberdade e a lei
O sucesso estará assegurado.
Esta verdade é certa: a impiedade
Do coração o braço leva sempre
À prática do crime; se ao contrário
O coração é bom, o homem leva
Uma vida ditosa, abençoada.
Isto acima de tudo: reverência
Ao altar da Justiça. A sede insana
De lucro, de triunfo a qualquer preço
Profanará a sua santidade,
Que os homens saibam honrar os pais, e saibam
Receber e acolher o peregrino.

E quem as normas santas infligir
De respeito uns aos outros sentirá
O peso do castigo, e como um barco
Sob uma tempestade afundará.
E no fundo do mar do esquecimento

Há de sempre jazer, sem que uma lágrima
Tenha sido por ele derramada.

ATENEIA *regressa, trazendo consigo doze cidadãos atenienses.*
APOLO *sai do templo, em companhia de* ORESTES.

ATENEIA:
A cidade convoca, arauto, e logo
A causa em julgamento anuncia.
Que a trombeta tirrena, retumbante,
Com sua voz de ferro agite Atenas.
E, enquanto o conselho se reúne,
Que todo cidadão, em respeitoso
Silêncio, reconheça o tribunal
Que em caráter perpétuo aqui disponho,
Para fazer justiça, agora e sempre.

CORO:
Do que te competir deves tratar,
Divino Apolo, por que, realmente,
Da causa em discussão tu participas?

APOLO:
Venho para depor em testemunho.
Este homem tem minha proteção
Pois suplicante foi ao meu altar.
Eu o purifiquei do assassinato.
E vim advogar a sua causa,
Já que me reconheço responsável
Por seu ato matando a própria mãe.
A causa em discussão que ponhas, Palas,
E a conduz como manda o teu saber.

ATENEIA:
Estão iniciados os debates.
(para a CHEFE DO CORO)
E, como és tu que acusas, fala agora.
O tribunal escutará primeiro
O teu libelo acusatório inteiro.

CORO:
Muita coisa dizer eu poderia
Poucas palavras bastam, no entanto.
(a ORESTES) Às perguntas responde, ponto a ponto.
Primeira: tu mataste tua mãe?

ORESTES:
Eu não posso negar. Sim, eu matei.

CORO:
Muito bem. A vantagem já é nossa.

ORESTES:
Não cantes a vitória muito cedo.

CORO:
Como a mataste deves explicar.

ORESTES:
Atravessei-lhe o coração com a espada.

CORO:
Quem te persuadiu e aconselhou?

ORESTES:
Foi o oráculo de Apolo que mandou.

CORO:
O deus da profecia te mandou
O matricídio cometer?

ORESTES:
 Mandou.
E, desde então, nunca me abandonou.

CORO:
Se fores hoje condenado, irás
Mudar tua maneira de falar.

ORESTES:
Não serei condenado. Eu confio
Na proteção de Apolo, e meu pai
Também há, com certeza, de ajudar-me.

CORO:
Nos mortos podes confiar agora:
A tua mão matou a tua mãe.

ORESTES:
Duas vezes culpada era ela.
Foi assim duas vezes condenada.

CORO:
Duas vezes culpada por que dizes?

ORESTES:
Ela matou meu pai e o próprio esposo.

CORO:
A sua morte absolveu-o. Tu
Ainda estás bem vivo.

ORESTES:
>Mas por quê
Não a puniste enquanto era viva?

CORO:
Ela matou um homem que não tinha
O mesmo sangue seu.

ORESTES:
>E tinha eu
O mesmo sangue dela?

CORO:
>Desgraçado!
Tu não foste gerado no seu ventre?
Negas um sangue que é teu próprio sangue!

ORESTES:
Depõe a meu favor, Apolo. Mostra-me
Que eu tinha o direito de matá-la.
Foi eu que a matei. Mas poderá
O assassinato ser justificado?

APOLO:
A vós, augusto tribunal de Atenas,
Agora falarei, e falarei
Como deve falar um deus-profeta,
A verdade e a justiça promovendo.
Jamais, jamais, pronunciei, é certo,
Uma palavra, em minhas profecias,
Que não fosse por Zeus determinada.
Assim, eu vos convido, antes de tudo.
Aqui no tribunal que ora se instala,
Fazer valer a força da justiça,

Sem esquecer, é claro, um só momento
A vontade suprema de meu pai,
Pois juramento algum terá mais força
Do que o próprio Zeus que o sancionou.

CORO:
Queres, então, dizer que o próprio Zeus
Foi o autor do oráculo que Orestes
Ouviu e que o mandou vingar a morte
Do pai assassinando a própria mãe?

APOLO:
Zeus assim ordenou e estava certo.
Não se comparam em nada as duas mortes:
Agamenon um rei, que empunhava
Um cetro honrado, que lhe veio às mãos
Por determinação divina. A outra
Uma simples mulher. A sua morte
Às mãos de uma mulher seria honrosa,
Se em batalha tivesse perecido
Por seta desfechada pelo arco
De guerreira amazona. Mas tu, Palas,
Vais ouvir como foi que Clitenestra
Seu esposo matou. E julgarás.
Quando ele ao lar voltou, vindo da guerra,
Bem-sucedido em sua maior parte,
Ritualmente, após, purificado,
Quando se retirava da banheira
De prata, Clitenestra lhe lançou
Uma veste que era uma armadilha.
Paralisando-o, assim, ela o matou.
Tal foi o fim, juízes, desse rei
De fronte majestosa e cuja voz
Comandava soldados e navios.

A própria esposa assassinou-o.
Certamente nenhum de vós ouviu
Sem revolta a notícia de tal crime.

CORO:
Pelo que afirmaste, Zeus condena
Do pai a morte mais que qualquer crime.
No entanto, quando Cronos, pai de Zeus,
Envelheceu, Zeus o acorrentou.
Não vedes nisso uma contradição,
Doutos juízes deste tribunal?

APOLO:
Execráveis megeras, miseráveis
Do céu escorraçadas! As correntes
Podem ser afrouxadas, mas a vida
De homem algum pode ser restituída.
Somente para a morte é que meu pai
Não dá remédio; quanto às outras coisas,
Seu poder à vontade modifica.

CORO:
Pedes que Orestes seja absolvido.
Como, depois de derramar o sangue
Da própria mãe, em Argos viverá,
No palácio real, sacrificando
Nos altares a vítima escolhida?
E nas festas tribais que se realizam,
Com água lustral há de lavar as mãos?

APOLO:
É fácil responder. Presta atenção.
Não é a mãe que gera realmente
Aquele filho que é chamado seu.

Ela não passa de uma guardiã,
De uma ama que cuida da semente
Plantada em sua entranha pelo homem,
Que é o verdadeiro gerador.
Ela guarda a criança realmente
Com alguém que guardasse uma plantinha
Em crescimento para outra pessoa.
Que um pai sem a mãe pode gerar
Temos aqui presente, como prova,
Palas, filha de Zeus, que nenhum ventre
Guardou antes de vir à luz do mundo.
É bem certo, porém, que nenhum deus
Repetirá tal coisa no futuro.
Eu mandei que este homem procurasse,
Palas, o teu altar, para o acolheres.
É apenas um presente, dentre os muitos,
Que minha providência enviará
Em prol desta cidade e de seu povo.
Ele e tua cidade serão, Palas,
Leais e francos aliados sempre.
Sua posteridade há de manter
Convosco uma aliança imperecível.

ATENEIA:
Aos juízes pedirei agora
Que opine cada um, seguindo apenas
Os ditames de sua consciência.
Já se disse o que tinha a se dizer?

APOLO:
Já disparei as minhas setas todas.
Aguardo agora o voto dos juízes.

ATENEIA *(ao CORO)*:
E vós também com isso estais de acordo?

CORO:
Ouvidas foram já ambas as partes.
Que os juízes decidam, sempre tendo
Em conta a reverência que te devem.

ATENEIA:
De Atenas cidadãos, hoje julgais
Vosso primeiro caso de homicídio.
De agora em diante, este conselho egrégio
Para a estirpe de Egeu há de julgar
Todo crime de sangue. E a sua sede
Perpetuamente ficará aqui
No Outeiro de Ares. Foi aqui
Que, quando as belicosas Amazonas,
Para vingar-se de Teseu, chegaram,
Acamparam e o lugar fortificaram
Para aqui resistirem, e cultuarem
Ares, seu protetor. E desde então
De Areópago este outeiro foi chamado.
Aqui, de então, reinou continuamente
A Reverência pelas coisas santas,
E seu irmão, Temor, firme coíbe
Meus cidadãos da prática do mal,
Enquanto as minhas leis forem mantidas.
Quem a fonte polui com lodo e lama,
Em vão procurará matar a sede.
Não se deve, também, do mesmo modo,
As boas leis com novos expedientes
Afetar; ao contrário, respeitar
A forma de governo que se afasta
Da escravizadora mansidão

E da licenciosa liberdade.
Pois, na verdade, o homem que vivesse
Liberto do temor seria justo?
Guardai sempre convosco esse temor
Que protege das leis a santidade,
E em torno da cidade haveis de ter
Um baluarte que nenhuma terra,
Que nenhum outro povo conheceu,
Desde o Peloponese até a Cítia.
Criei aqui a corte inviolável,
Santa, forte na ação e vigilante,
Para que os cidadãos vivam tranquilos.
E que os atenienses não se esqueçam
Da minha exortação que ora lhes faço.
Depositai agora os vossos votos
E a causa julgai com reverência
Ao vosso juramento. Tenho dito.

Durante o diálogo seguinte, os jurados se levantam, um depois do outro, para votarem. Há duas urnas, uma das quais é "operante" e a outra "inoperante". Cada jurado tem duas pedrinhas, uma branca e outra preta. Na uma "operante", cada um coloca uma pedrinha branca, quando quer absolver, ou uma pedrinha preta, quando quer condenar; depois coloca a segunda pedrinha na outra urna e volta ao seu lugar.

CORO:
Também vos aconselho: não voteis
Contra nós, ou ireis arrepender.

APOLO:
Temei o meu oráculo e a palavra
De Zeus, e não deixeis que sejam em vão.

CORO *(a APOLO)*:
Não podem merecer crimes de morte
A tua proteção. Tu profetizas
De um santuário poluído.

APOLO:
      E Zeus?
Por acaso sofreu poluição
Quando Íxion, o primeiro homicida,
Suplicante, aceitou purificar?

CORO:
Podes argumentar. Mas se perdermos
Nossa causa, esta terra infestaremos
Com maldições e pragas indizíveis.

APOLO:
Valeis tão pouco entre os deuses mais velhos
Como entre os mais novos. Vencerei.

CORO:
Isso nos faz lembrar de tua conduta
Em casa de Admeto. Peitaste as Parcas
Para um simples mortal viver de novo.

APOLO:
Eu não devia proteger um homem
Que me adorava? É lógico que sim.
E Admeto precisava realmente.

CORO:
Tu zombaste das deusas primitivas
E violaste antiga prescrição.

APOLO:
Com a decepção que vos espera,
Ireis vossa peçonha vomitar.

CORO:
Imaginas que a tua juventude
Poderá me pisar impunemente.
Depois do veredito haverá tempo
De contra Atenas trabalhar meu ódio.

ATENEIA:
Cumpre agora encerrar o julgamento.
Quando forem contados vossos votos,
O meu será absolvendo Orestes.

Não tive mãe alguma. O direito
Paterno e a varonil supremacia
Que prevalece em tudo, salvo apenas
O direito que tenho de ser virgem,
Levam meu coração à lealdade.
Assim eu considero merecida
A morte de mulher que o seu esposo
Assassinou, e, sendo assim, Orestes
Será absolvido, se os juízes
Mortais seu voto ao meio dividirem.
Que agora os escolhidos tragam as urnas
E seja feita a apuração dos votos.

Dois dos juízes obedecem.

ORESTES:
Apolo luminoso, qual será
O veredito revelado?

CORO:
                Ó noite!
Nossa mãe! Dai-nos amparo!

ORESTES:
Este momento pode me trazer
O desespero e a morte, ou a esperança.

CORO:
E para nós, mais honra ou a desgraça.

APOLO:
Os votos foram dados. Cidadãos,
Contai-os bem contados. A Justiça
É sagrada. E vós deveis-lhe um culto.
Um só voto perdido pode ser
A perda da honradez e da ventura.
E um único voto a mais pode erguer
Uma casa caída no infortúnio.

Os votos são entregues a ATENEIA. *As pedrinhas pretas e as brancas são em números iguais.* ATENEIA *junta o seu voto às pedras brancas.*

ATENEIA:
Os votos foram iguais. Está Orestes
Absolvido.

ORESTES:
                Palas, salvadora
Da minha casa! Do exílio, tu
Me conduzes de novo para a pátria.
De mim a Hélade vai dizer agora:
"Continua um argivo, como era,

Graças a Palas e a Apolo e a Zeus."
E, agora, antes que eu volte para Argos,
Ouvi o juramento que vos faço,
A ti, Palas, e ao teu povo, e à tua pátria:
Jamais um rei argivo contra a Ática
Voltará suas armas. Se algum homem
Violar este santo juramento,
Eu me levantarei do meu sepulcro
E lhe imporei derrota após derrota
Até que os seus soldados o abandonem.
Mas se meu juramento for mantido
E os argivos ficarem para sempre
Aliados leais, firmes, de Atenas,
Minha bênção terão. Adeus, ó Palas
E cidadãos de Atenas! Que a vitória
Sorria em cada luta que travardes,
E a derrota conheçam os inimigos!

Saem APOLO *e* ORESTES.

CORO:
O velho foi pisado pelo novo!
Malditos sejam os deuses que violaram
Lei antiga e o direito nos roubaram!
Apaziguando a honra que tu insultas
Ferferá a vingança, até que um dia
Inunde com seu fel toda esta terra.
Responderá a ira a toda injúria,
E o veneno a cada maldição.
A peste afligirá todas as plantas
E todas as crianças, e as pústulas
Hão de cobrir tudo que viver aqui.
Por que hei de chorar? Ouve, Justiça,
O que eu irei fazer. Em pouco tempo

Atenas chorará, arrependida
De suas temerárias zombarias.
Filhas da Noite e do Sofrer, partamos!
E da desonra nascerá vingança!

ATENEIA:
Permita que eu acalme a vossa ira.
Um tribunal honesto, imparcial,
Um julgamento lícito e correto,
Não poderiam provocar jamais
A desonra e a derrota. Vede: as provas
Tão claras como a própria luz do Sol,
Vindas do próprio Zeus, e aqui trazidas
Pelo deus que induziu a ação de Orestes,
Não poderiam deixar de salvá-lo
De todas as sinistras consequências.
Que cesse a vossa ira. Não deixeis
Que vosso ódio castigue esta terra
Com pestes e flagelos, fome e guerra.
Em troca eu vos prometo um lar aqui
Nesta alta colina. Uma caverna
Santificada, onde recebereis
De nossos cidadãos a reverência.

CORO:
O velho foi pisado pelo novo!
Malditos sejam os deuses que violaram
Lei antiga e o direito nos roubaram!
Apaziguando a honra que tu insultas
Ferverá a vingança, até que um dia
Inunde com seu fel toda esta terra.
Responderá a ira a toda injúria,
E o veneno a cada maldição.
A peste atingirá todas as plantas

E todas as crianças, e as pústulas
Hão de cobrir tudo que vive aqui.
Por que hei de chorar? Ouve, Justiça,
O que eu irei fazer. Em pouco tempo,
Atenas chorará, arrependida
De suas temerárias zombarias.
Filhas da Noite e do Sofrer, partamos
E da desonra nascerá vingança!

ATENEIA:
Ninguém se desonrou. Por que a ira
Dos imortais flagelará os campos
Dos humanos com peste e maldições?
Única entre os deuses, eu conheço
Quais são as chaves da selada câmara
Onde Zeus guarda os raios e trovões.
Mas não se faz mister usar a força.
Que a persuasão sozinha afaste
Essa ameaça de flagelo e peste.
Aplacai esse ódio impenitente.
A honra e a dignidade vos esperam.
Compartilhai comigo um lar em Atenas.
Aplaudir ainda ireis minhas palavras,
Quando dos campos da Ática, fecundos,
Chegaram para vós as oferendas,
Quando vossos altares receberem
Os sacrifícios que se realizam
Em prol dos nascimentos e das núpcias.

CORO:
Ó vergonha e dor que tal destino
Tenha cabido a mim, cujo saber
Quando o mundo era novo eu já possuía!
Deverei aceitar, me rebaixando,

Um tão humilde estado?
Ó Terra antiga, vê minha desgraça!
Ó Noite, minha mãe! O meu lamento
Ouve, o meu lamento, sendo expulsa
Por novos deuses da morada antiga!

ATENEIA:
Merece-me respeito a vossa idade,
Eis que um saber ela vos assegura
Mais antigo que o meu, contudo, Zeus
Me deu também grande discernimento.
E por isso eu vos digo: se escolherdes
Uma outra terra para o vosso lar,
Ireis arrepender, pois, no futuro,
Possuindo aqui um grande santuário,
Recebereis a adoração sincera
De homens e mulheres atenienses.
Não destruais, assim, nossas searas
Nem corrompais o coração dos jovens
Com a loucura induzida pelo vinho.
Não provoqueis desordens e motins
Dentro dos muros da minha cidade.
Que as guerras sejam só em terra estranha
E às portas das cidades estrangeiras,
E a paz reine perpétua em nossa pátria.
E assim, ó deusas, eu vos ofereço
Em Atenas morada onde os deuses
De viver gostariam. E certamente
A reverência e devoção do povo.

CORO:
Ó vergonha e dor que tal destino
Tenha cabido a mim, cujo saber
Quando o mundo era novo eu já possuía!

Deverei aceitar, me rebaixando,
Um tão humilde estado?
Ó Terra antiga, vê minha desgraça!
Ó Noite, minha mãe! O meu lamento
Ouve, o meu lamento sendo expulsa
Por novos deuses da morada antiga!

ATENEIA:
Não me canso em dizer palavra amiga.
Não podereis pensar que vós, mais velhas
Divindades, tão velhas, veneráveis,
Por novos deuses foram desonradas.
Se, todavia, a santa Persuasão
Fizer que estas palavras tão sinceras
Cheguem dentro do vosso coração,
Ficai conosco, que sereis bem-vindas.
Se recusais, porém, tende certeza:
Nenhum motivo há para tratardes
Com malícia ou desdém o nosso povo.
Fecunda herança vos aguarda aqui:
A honra e a justiça asseguradas.

CORO:
Que lugar me ofereces, Ateneia?

ATENEIA:
Um lugar ideal. A escolha é tua.

CORO:
Supõe que eu aceito. Quais serão
Minhas prerrogativas e vantagens?

ATENEIA:
Elas hão de ser tais que casa alguma
Prosperará sem teu assentimento.

CORO:
Prometes para mim assegurar
Esse lugar e tais prerrogativas?

ATENEIA:
Protegerei e prosperar farei
Todo aquele que te reverencie.

CORO:
O compromisso assumes para sempre?

ATENEIA:
Preciso prometer o que não cumpro?

CORO:
Minha ira cessou. Tuas palavras
Me convenceram. A proposta aceito.

ATENEIA:
Estareis entre amigos em Atenas.

CORO:
Que bênção invocarei para esta terra?

ATENEIA:
Que a vitória por nós seja alcançada
Sempre sem o percalço do remorso;
Bênção que vem do céu, do mar, da terra;
Bênção que traz o vento moderado
E a luz do Sol iluminando a terra;

Que enriqueça os rebanhos e as searas
E produza saudável juventude
Para manter a paz em sua terra
E conquistar as palmas da vitória.
Se for levada a fazer a guerra,
Sendo Atenas honrada em todo o mundo.

CORO:
Concordo em ter aqui minha morada,
Abençoando o glorioso baluarte
Das Divindades imortais, que Zeus
Poderoso e Ares escolheram
Para sua morada, orgulho e glória
Dos deuses, guardiã de seus altares.
Para Atenas e seus deuses e seus filhos
Pronuncio esta grata profecia:
A esta terra a fortuna há de trazer
Benefícios sem conta, eternamente,
Riquezas e venturas sem limite,

ATENEIA:
De minha parte pedirei, e é certo,
Conseguirei trazer à minha terra
Toda a prosperidade que merece,
Ao recebermos, dentro das muralhas
As veneráveis e implacáveis deusas.
Seu ofício é velar pela decência.
Todo aquele que a sua inimizade
Provocar viverá como maldito.
Culpa secreta que seu pai apenas
Conheceu e o mundo ignora
O levará ao banco dos culpados.
E a morte, o inimigo poderoso,
Há de por fim, sem pena, castigá-lo.

CORO:
E mais prometo ainda: o vento mau
Não há de destruir vossos pomares,
Nem praga perseguir vossas searas.
Que possa Pã trazer muitos cordeiros
Para vossas ovelhas, e os rebanhos
E os campos se cobrirem de riquezas,
E se encham os templos de oferendas
Em gratidão aos deuses imortais.

ATENEIA:
Guardiães das muralhas da cidade,
Ouvi as bênçãos que elas nos trarão!
As Vingadoras do Destino têm
Grande poder no céu e no inferno,
E o seu poder na terra é bem visível.
A todos elas dão, segundo o mérito,
A bênção a uns, a maldição a outros.

CORO:
Oxalá mal algum possa levar
Os vossos jovens prematuramente
E que cada donzela encontre um noivo
E que seja feliz por toda a vida.
Esses dons imploramos, concedei,
Vós soberanos deuses, e vós três,
Parcas temidas, que determinais
A inelutável vida dos mortais.

ATENEIA:
Alegra-me agora o coração
Ao constatar que amor já dedicais
A esta terra amada. E também rendo
À Santa Persuasão minha homenagem,

Ela que afinal nos permitiu
Que o poderoso Zeus assegurasse
A concórdia que traz o bem a todos.

CORO:
Que a guerra civil, prenhe de males,
Jamais flagele Atenas, e o sangue
De irmão nunca mais seja derramado
Por outro irmão, mas reine a paz
Em todos os limites da cidade.
Que todos juntos, fraternais, encontrem
A alegria e a concórdia, em toda a parte
E cada um odeie ou ame aquilo
Que seu irmão de sangue odeie ou ame.

ATENEIA:
Essas palavras e promessas gratas
Adornam a via em que o saber transita.
Atenas grandemente lucrará
Com tais deusas de formas não humanas
E de olhos repletos de ameaças.
Que elas sejam, portanto, cultuadas
De todo o coração, pois são amigas.
E que seja a Justiça o maior prêmio
Que em nosso Estado elas conquistem.
E a cidade e seus campos serão grandes
E gloriosos de um limite ao outro.

CORO:
Alegra-te, cidade, e entoa hinos
De regozijo, já que resplandeces
Com riquezas nas ruas e nos campos,
Venturosa e querida pela deusa
Que tu reverencias e que protege

Com a sua virgindade tudo aquilo
Que te pertence, e a proteção acorda
Do monarca que reina nas alturas.

ATENEIA:
Eu também vos desejo todo o bem.
Mas agora me cumpre vos levar
Até a vossa nova moradia
Na gruta deste outeiro. Que as tochas
Acendam aqueles todos que terão
De até lá escoltar-vos. Sem demora,
Com confiança e solenes sacrifícios,
Nesta terra querida entrai agora,
Prontas a repelirdes qualquer dano
Que afete a nossa terra e a nossa gente.
E vós, atenienses denodados,
Que esta cidadela guarneceis,
Acompanhai-as e saudai contentes
As recém-vindas às nossa muralhas.
Vieram proteger nossa cidade,
Que vossa reverência as recompense.

CORO:
Eu repito: abençoo os lares todos
De Atenas, e também todos aqueles
A quem esta colina for querida,
Nas ruas e nos templos consagrados
Onde se encontram os deuses e os mortais.
E enquanto reverentes, respeitosos,
Acolherdes aqui minha presença,
Vossa vida há de ser abençoada.

ATENEIA:
Eu te agradeço. E agora que as tochas
Já brilham, eu irei, em companhia
Dessas donzelas que a estátua cercam,
Conduzir-vos a vossa moradia
Na gruta subtérrea. Há de ser
Um cortejo[10] gentil e fascinante,
De mulheres, donzelas e crianças,
A juventude em flor desta cidade,
Vestes feitas de púrpura trajando.
Prestai vossa homenagem reverente
Às Deusas Cordiais. Deixai agora
As luzes se moverem. E no futuro
Possam as deusas que agora acolhemos
Riqueza e paz trazer à nossa terra.

Durante as três últimas declamações, formou-se um cortejo, com música e fachos acesos, a fim de acompanhar o CORO até fora do palco. Todos cantam, enquanto caminham.

Marchai para o vosso lar,
Grandes amantes da honra,
Filhas da Noite ancestral,
Vossa paz foi alcançada.
(E toda palavra é santa.)

Nas profundezas da terra,
Na imemorial caverna,
Honradas com sacrifício,
Com reverência e temor.
(E toda palavra é santa.)

Temidas e amigas deusas,
Que amam e guardam a nossa terra;
 E embora devorem chamas,
 Abrem um caminho de luz,
Que repousem satisfeitas,
 Todas as vozes proclamem
 O triunfo da alegria!

Derramai de novo o vinho
Em sacrifício incruento,
E o onisciente Zeus
Guarde a cidade de Palas.
O Deus e o Destino juntos.
Todas as vozes proclamem
O triunfo da alegria!

NOTAS

AGAMENON

1 *A minha língua está travada.* A tradução literal do grego seria: "Há um grande boi em cima da minha língua." O boi era a expressão proverbial para indicar uma coisa de peso insuportável.

2 *Zeus, Pã, Apolo.* Os deuses protegiam os filhotes dos animais. Compare-se com a referência a Ártemis feita por Calchante. O paralelo entre essas duas passagens sugere que o rapto de Helena e o sacrifício de Ifigênia desagradaram igualmente os deuses.

3 *Nos fazer esquecer o mal já feito.* Esse mal, o sacrifício de Ifigênia, os torna apreensivos quanto ao futuro. Passam, então, a contar a história da partida da expedição. O primeiro episódio, o portento das águias, ocorreu quando os dois reis saíam de Argos; o sacrifício de Ifigênia em Áulis, onde a frota estava retida pelos ventos contrários.

4 *O Vidente do exército.* Calchante, que ficou com o exército durante todos os dez anos. Também prescreveu sacrifícios humanos quando Troia foi tomada.

5 *Bela filha de Zeus.* Ártemis. Era filha de Zeus com Leto, e irmã gêmea de Apolo.

6 *E ao Fatalismo se curvou então.* Este é o paradoxo central do Destino e do livre arbítrio. Tanto na *Trilogia de Orestes* como nas outras tragédias, destacadamente em "Os Sete Contra Tebas", Ésquilo insiste que, embora uma maldição herdada possa tornar a escolha do homem terrivelmente difícil, ainda há escolha.

7 *A surpresa incansável da vingança.* O guerreiro que regressava devia se proteger contra a vingança dos espíritos daqueles que matara, executando um ritual de purificação logo que entrava em casa. Esta observação de Clitenestra é tomada pelos Anciãos como aquela precaução habitual; Clitenestra, porém, está pensando realmente em Ifigênia.

8 *Depois não pôde mais voltar atrás.* Como na história de Fausto, há um ponto além do qual o pecador não pode mais voltar atrás, mesmo quando lhe é oferecido o perdão.

9 *O período de vários dias.* Como é sabido, a ação da maior parte das tragédias gregas que chegaram até nós se desenrola no intervalo que vai do amanhecer ao pôr do sol. Isso, contudo, dificilmente pode ser o caso das tragédias conhecidas de Ésquilo, que são quatro, além da *Trilogia de Orestes*. Daquelas quatro, a questão do tempo é irrelevante em "Os Persas" e inexistente em "As Suplicantes" e "Prometeu". Somente em "Os Sete Contra Tebas" a ação se passa em um dia. Na trilogia, em "As Eumênides" a unidade da distância é quebrada entre Atenas e Delfos e a unidade de tempo provavelmente por vários anos. Em "As Coéforas", o tempo é evidentemente limitado a um dia, mas há várias mudanças de cena. Assim sendo, não há motivo algum para se considerar improvável um intervalo de mais de quinze dias entre a tomada de Troia e a chegada de Agamenon a Argos.

10 *Que contemplais agora o sol nascente.* As estátuas de Zeus, Apolo e Hermes ficavam na fachada do palácio voltada para leste ou para o suleste, apontando para a direção por onde Agamenon chegou.

11 *Os nossos corações sentem do mesmo modo que tu sentes.* O alívio trazido pela chegada de Agamenon são e salvo era tão grande que eles podiam agora morrer felizes. O sentido da frase anterior "Os nossos corações eram sombrios" naturalmente escapou ao Arauto.

12 *Esposa tão fiel quanto a deixou.* Neste e nos versos seguintes, Clitenestra usa a mistura característica de ironia e mentiras deslavadas, destinada a confundir e perturbar com insinuações.

13 *Helena, a Destruidora.* A raiz grega HELE significa "destruir". Isto não quer dizer que o nome "Helena" significasse originalmente "destruidora", mas se trata de uma espécie de trocadilho, muito usado pelos gregos, inclusive para efeito dramático, como neste caso.

14 *E que os laços conjugais coincidam...* A palavra grega KEDOS tinha duas significações muito diferentes: "laços matrimoniais" e "sofrimento".

15 *O deus desafiado.* Isto é, Zeus, guardião das leis da hospitalidade, que Páris violou.

16 *Na urna da morte.* Compare-se com a cena de julgamento de "As Eumênides", na qual é usado um método de votação diferente. No método mencionado por Agamenon, cada juiz tem apenas uma pedrinha, e a deposita em uma urna, para absolver, ou em outra urna, para condenar.

17 *Porque também não veio a nossa estirpe.* O nome de Orestes é deixado para o fim da frase, pois Clitenestra está se referindo não só a ele, mas também a Ifigênia.

18 *A escravidão é um jugo...* No entanto, o próprio Agamenon pôs o jugo em si mesmo, como fizera em Áulis "curvando-se ao Fatalismo". Cassandra, porém, não se acostumou a suportar o jugo.

19 *Ítis, Ítis.* Ítis era o nome do filho morto pela própria mãe, Procne, que assim queria se vingar do marido, Tereu, que violentara sua irmã Filomela. Filomela foi transformada em rouxinol, e supõe-se que "Ítis, Ítis" seja o seu canto.

20 *O Cócito e o Aqueronte.* Dois rios do inferno. Os seus nomes significam, respectivamente, "rio das lamentações" e "rio da dor".

21 *Deus das Palavras.* O verdadeiro nome de Apolo era LOXIAS, que talvez esteja relacionado com LOGOS, "palavra", ou com LOXOS, "ambíguo".

22 *Crisei.* Filha de um sacerdote de Apolo, em uma pequena cidade perto de Troia, que Agamenon tomou como concubina.

23 *Encarnei o fantasma da vingança.* Isto é, "não sou senão o instrumento da maldição que pesa sobre esta casa".

24 *As vingadoras Fúrias.* Egisto invoca todas as sanções da justiça, e com alguma razão. Omite, porém, o fato de Tieste ter seduzido a esposa de Atreu.

AS COÉFORAS

1 *Ecoa a voz clara e aterradora.* A voz é de Clitenestra, gritando de horror, por causa de um pesadelo, que é descrito mais adiante.

2 *Com os meus estes dois pés silo parecidos.* Esta afirmação, embora muitas vezes ridicularizada, talvez não seja tão absurda como parece. O professor Tucker, em seus comentários sobre a trilogia, cita o caso de tribos, mesmo nos tempos modernos, em que o formato do pé constitui uma característica de família tão importante quanto a semelhança fisionômica.

3 *Seu corpo foi cortado, mutilado.* Provavelmente se refere ao fato de serem cortadas as mãos e os pés do morto a fim de serem colocadas sob as axilas, uma suposta precaução contra a vingança do assassinado.

4 Três exemplos de até que ponto a paixão desenfreada pode levar as mulheres:

Alteia. Quando nasceu seu filho Meleagro, ela ficou sabendo que ele só viveria enquanto não fosse queimado até o fim o facho aceso no vestíbulo de seu palácio. Imediatamente ela mandou apagar o facho e guardá-lo em lugar seguro. Quando, porém, Meleagro matou os irmãos dela em um combate, Alteia, furiosa, acendeu o facho, e Meleagro morreu.

Sila. Filha de Niso, rei de Megara. Quando sitiou Megara, Minos a subornou, para que arrancasse uma mecha de cabelos de ouro que seu pai tinha e da qual dependia a sua vida.

O Massacre de Lenos. Todas as mulheres de Lenos, com ciúme das concubinas de seus maridos, resolveram matar os maridos, as concubinas e todos os varões de Lenos. Somente uma mulher, Hipsile, poupou seu pai, Toas.

AS EUMÊNIDES

1 *Pítio.* A palavra se aplica a Apolo, ao seu oráculo e à sua sacerdotisa. Deriva da palavra grega que significa "descobrir inquerindo", e se refere à função oracular de Apolo.

2 *Terra... Têmis...* Em "Prometeu", Ésquilo identifica esses dois dos "muitos nomes de uma só pessoa" como a mãe de Prometeu.

3 *Filhos de Hefaistos.* Erictônio, fundador mítico de Atenas, era filho de Hefaistos, o Vulcano dos romanos.

4 *Palas Pronaia.* "Pronaia" significa "diante do templo". O significado seria "Palas do adro".

5 *Brônio.* Outro nome de Dionísio. A história de seu encontro com Penteu é contada por Eurípedes em "As Bacantes".

6 *Da nossa Terra o centro.* Havia no pátio da frente do templo de Delfos uma pedra, usada como altar, considerada como o centro da Terra. Era chamada "Onfalos", isto é, o umbigo.

7 *Do matricídio a mancha se apagou.* Na primeira cena, as mãos e a espada ainda estavam sujas de sangue.

8 *Da margem do Escamandro.* Trata-se de uma alusão a uma disputa entre Atenas e Mitileno, a respeito da posse de um território perto de Troia, ocorrida no tempo em que a tragédia foi escrita.

9 *Juramento... não irá exigir...* Alusão à forma do inquérito preliminar que os magistrados atenienses executavam, antes de encaminharem o caso ao tribunal competente. Nesse inquérito, o querelante tinha de declarar, sob juramento, que sofrera injúria ou dano, e o querelado de jurar que estava inocente.

10 *Há de ser um cortejo...* Trata-se da procissão panatenaica. Veja-se a Introdução.